ubu

Design como atitude
Alice Rawsthorn

TRADUÇÃO Alexandre Morales

7	PRÓLOGO
	Design como atitude
21	1. O que é design atitudinal?
37	2. Note a diferença: design e arte
51	3. A retomada do artesanato
69	4. Que planeta é este?
83	5. O declínio dos objetos
95	6. De volta para o futuro
107	7. O design ainda é um mundo (cis) masculino?
121	8. A questão de cor no design
133	9. A farra da feira
147	10. Escolhas, escolhas, escolhas
161	11. Fora de controle
177	12. Design e desejo
191	13. Quando o pior chega ao pior
207	APÊNDICE
	Designers e projetos
250	*Agradecimentos*
252	*Bibliografia*
264	*Índice onomástico*
268	*Sobre a autora*

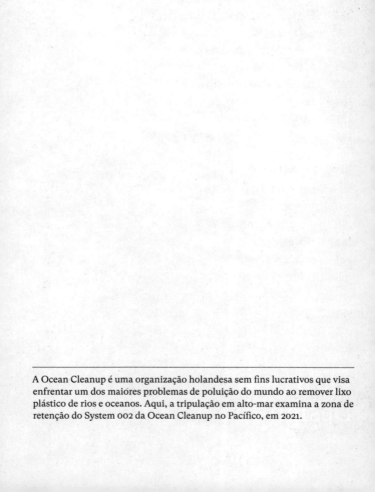

A Ocean Cleanup é uma organização holandesa sem fins lucrativos que visa enfrentar um dos maiores problemas de poluição do mundo ao remover lixo plástico de rios e oceanos. Aqui, a tripulação em alto-mar examina a zona de retenção do System 002 da Ocean Cleanup no Pacífico, em 2021.

PRÓLOGO
Design como atitude

Fazer design não é uma profissão, é uma atitude.

— LÁSZLÓ MOHOLY-NAGY, *Vision in Motion*, 1947.

O ano não tinha começado bem. Depois de passar seis anos enfrentando crises financeiras e conflitos políticos enquanto se empenhava para fundar uma escola de design em Chicago, László Moholy-Nagy se indispôs novamente com a diretoria no início de 1945 — dessa vez por conta da escassez de alunos. Também estava diante do desafio de encontrar um novo imóvel, já que o contrato de aluguel do prédio da escola terminaria naquela primavera. A primeira escola que ele inaugurou em Chicago fechou com pouco mais de um ano de atividade, a segunda corria o mesmo risco. Por fim, ele conquistou o apoio da diretoria e a escola sobreviveu, mas a batalha para salvá-la lhe trouxe graves consequências.

Em 1945, ao completar cinquenta anos, Moholy-Nagy pretendia dedicar mais tempo ao livro sobre teoria visual que havia começado a escrever havia dois anos. Contudo, os problemas com a escola se mostravam tão nocivos que seus dias eram sequestrados por atividades letivas e administrativas. Já as noites eram consumidas pelos projetos de design comercial, com cuja remuneração sustentava sua família, o que lhe deixava poucas horas dos fins de semana para se empenhar no livro. Para piorar as coisas, Moholy-Nagy adoeceu gravemente no outono de 1945 e foi diagnosticado com leucemia. Mesmo hospitalizado, pedia à esposa, Sibyl, que trouxesse portfólios de fotografias, desenhos e anotações ao visitá-lo, para que, no intervalo entre transfusões de sangue, injeções e raios-X, ele pudesse trabalhar em seus layouts.[1]

Moholy-Nagy teve alta pouco antes do Natal e reassumiu suas funções na escola no mês seguinte. Aproveitou cada momento livre durante a primavera e o verão para concluir o livro, mas seu estado de saúde se deteriorou e ele faleceu em 24 de novembro de 1946.[2] Seu livro, *Vision in Motion* [Visão em movimento], foi publicado no ano seguinte. Provavelmente ninguém que o leu naquela época, ou que o lê hoje, imaginaria a provação terrível que seu autor sofreu ao escrevê-lo. Como um manifesto da concepção de Moholy-Nagy sobre design, arte, tecnologia, ensino criativo e suas funções na sociedade, o livro condensa as ideias e observações de um indivíduo de notável talento e dinamismo, que vivenciou o surgimento do construtivismo em sua terra natal, a Hungria, após a Primeira Guerra Mundial, o auge da Bauhaus na Alemanha dos anos 1920 e a ascensão do modernismo na década de 1930, primeiro na Grã-Bretanha e depois nos Estados Unidos. Apesar da gravidade do estado de saúde de Moholy-Nagy ao escrever *Vision in Motion*, o livro reflete sua energia, seu otimismo e, acima de tudo, a crença de que o design pode contribuir para criar um mundo melhor.

Essa concepção eclética e emancipadora de design, mais a convicção entusiasmada de que a sociedade poderia se beneficiar ao ver o design sob um enfoque mais amplo e progressista, está assim resumida no segundo capítulo de *Vision in Motion*: "Fazer design não é uma profissão, é uma atitude". Sempre adorei essa frase, por mais que a expressão "fazer design" [*designing*] pareça esquisita nos dias de hoje. "A noção de design e da profissão de designer como atividade especializada deve transformar-se em uma atitude engenhosa e inventiva, possibilitando que os projetos sejam considerados não de forma isolada, mas em relação às necessidades do indivíduo e da comunidade", afirmou Moholy-Nagy. "No fundo, todos os problemas do design se fundem num só grande problema: 'design para a vida'. Numa sociedade saudável, esse design para a vida vai estimular cada profissão e vocação a fazer sua parte, pois o grau de conectividade de todas as suas produções confere qualidade a qualquer civilização."[3]

Libertar o design das limitações da função profissional que ele exercia desde a Revolução Industrial, redefinindo-o como um recurso imprevisível fundamentado em instinto, criatividade e engenhosidade — e à disposição de todo mundo — era algo característico de Moholy-Nagy. Intrépido, generoso, subversivo e um curioso irrefreável, ele é um dos meus personagens prediletos na história do design. Quem poderia resistir ao artista e intelectual imigrante que usava macacão de operário para simbolizar entusiasmo pela tecnologia ao lecionar na Bauhaus, onde deixava as mulheres estudarem o que bem quisessem, inclusive disciplinas antes reservadas apenas a homens? E quem não admiraria a coragem de Moholy-Nagy após sua chegada aos Estados Unidos? Embora seu novo uniforme diário fosse um terno, ele permaneceu radical em suas posições políticas, particularmente ao acolher alunos e professores negros na sua escola de design em Chicago numa época em que o sistema educacional da cidade era segregado ao extremo. Em todos os cantos onde esteve, e a despeito de suas circunstâncias pessoais, Moholy-Nagy manteve o interesse entusiasmado pela experimentação: isso o levou a ser um dos primeiros tanto a explorar os recursos da fotografia e da filmagem como a estudar seus impactos na cultura visual e em quaisquer outros aspectos da vida cotidiana.

A concepção de Moholy-Nagy do design como atitude nasceu do seu engajamento no movimento construtivista, quando ainda era um jovem artista em Budapeste, logo após a Primeira Guerra Mundial. O design foi central para a produção dos primeiros construtivistas — um grupo de artistas, escritores e intelectuais vanguardistas russos que se reuniam para trocar ideias e planejar mudanças sociais na fase final da guerra, dentre eles Aleksandr Ródtchenko, sua esposa Varvara Stepanova e seus amigos Aleksiéi Gan, El Lissitzky e Liubov Popova. Sua crença de que artistas, designers e cientistas deviam atuar junto à indústria para construir uma sociedade melhor e mais justa, criando "novas coisas para a nova vida", como afirmou Popova, era compartilhada pelos simpatizantes construtivistas que Moholy-Nagy conheceu quando morou em Viena e em Berlim, no início dos anos 1920.

Foi essa a visão de projeto que ele introduziu na Bauhaus após sua chegada, em março em 1923. Ao longo dos cinco anos seguintes, Moholy-Nagy se destacou como o professor mais influente da escola e contribuiu para caracterizá-la como uma instituição avançada, inclusiva e repleta de experimentação. Depois de deixar a Bauhaus em 1928, ele emprestou o mesmo espírito a todas as suas novas empreitadas, incluindo as escolas de Chicago, algo que expôs de forma brilhante na concepção de design atitudinal apresentada em *Vision in Motion*.

Este livro intitula-se *Design como atitude* em parte como tributo a Moholy-Nagy, mas também porque essa expressão sintetiza muito da produção aqui apresentada. A primeira edição baseou-se nos textos que escrevi de 2014 a 2017 para a coluna "By Design" da revista de arte *Frieze* como um exame das questões do design contemporâneo que eu considerava mais importantes. Ela foi atualizada e ganhou novos textos nesta edição. Meu objetivo é o mesmo de antes: retratar o que acredito ser um período vibrante — ainda que bastante desafiador — para o design, em que tanto ele como o seu impacto em nossas vidas vêm mudando drasticamente.

O design assumiu significados tão distintos em diferentes momentos e contextos, e foi alvo de tantas confusões e chavões, que parece razoável começar definindo o que para mim é design. Por baixo de todas as suas múltiplas aparências, o design sempre teve a função elementar de um agente de mudança que interpreta transformações de todos os tipos — sociais, políticas, econômicas, científicas, tecnológicas, culturais, ecológicas etc. — para garantir que elas nos afetem de maneira positiva, e não negativa. *Design como atitude* examina como os designers, profissionais ou não, estão cumprindo essa função em tempos extraordinariamente turbulentos, e com frequência perigosos, em que enfrentamos mudanças caracterizadas por rapidez e escala sem precedentes.

Alguns desses acontecimentos são desafios globais, como o agravamento das mudanças climáticas e a crise dos refugiados; o aumento da pobreza e o recrudescimento do preconceito, da intolerância e do extremismo; o reconhecimento de que muitos sistemas e instituições que organizavam nossas vidas no século xx já não são efetivos; a necessidade urgente de reconstruir o mundo após a crise devastadora da covid-19 e de nos proteger contra futuras pandemias; e a enxurrada de tecnologias cada vez mais complexas e potentes que prometem transformar a sociedade, ainda que nem sempre para o bem. *Design como atitude* mostra como os designers vêm projetando e executando projetos que enfrentam as mudanças climáticas; reinventam setores disfuncionais dos serviços de saúde e dos serviços sociais; amparam vítimas de desastres causados pelo homem ou por catástrofes naturais; ajudam indivíduos sem moradia a assentar-se em novas comunidades; expressam identidades de gênero mais nuançadas e ecléticas; e promovem justiça social. O livro traça a evolução da relação do design com outros campos, tais como a arte e o artesanato, e aborda seu papel no ressurgimento do interesse pelo fazer, tanto manual como mecânico ou digital. Também mapeia as transformações recentes na cultura do design que o estão tornando mais diversificado e inclusivo, não só no que diz respeito a gênero, geografia e etnicidade, mas também no que se refere à integração de pessoas de campos bem diversos, que não estudaram design, porém desejam se dedicar a ele.

As transformações tecnológicas são um tema recorrente. Além de examinar os êxitos e os fracassos da experiência do design no desenvolvimento de aplicações para tecnologias que antes eram vistas como incrivelmente futurísticas e hoje são onipresentes, como as de criptomoedas, *blockchain* e identificação biométrica, *Design como atitude* prevê o impacto da engenharia neuromórfica, da bioinformática, dos carros autônomos, da biologia sintética e dos demais avanços que sabemos que vão nos afetar no futuro próximo. Como essas inovações estão mudando o que precisamos e queremos do design? E como afetarão nossas expectativas quanto ao nível de escolha e controle que desejamos exercer em diversos aspectos da vida, bem como a capacidade de expressar nossas identidades, cada vez mais versáteis, nuançadas e idiossincráticas?

Nem todos os projetos abordados neste livro foram levados à frente pelo tipo de designer descrito por Moholy-Nagy, porém muitos foram. Ao definir o design como "atitude", Moholy-Nagy reconhecia seu potencial para se tornar uma força poderosa na sociedade, caso viesse a atuar como um agente de transformação eficiente e inventivo, livre de restrições comerciais. Sempre houve designers com esse espírito, entre eles Ródtchenko, Stiepânova, El Lissitzky, Popova e Gan, assim como o próprio Moholy-Nagy. Houve também o rebelde engenheiro, arquiteto e ativista estadunidense R. Buckminster Fuller, que criticava os danos ambientais causados pela industrialização já nos anos 1920 e em sua carreira profissional dedicou-se a reduzi-los. Fuller apresentou igualmente soluções práticas para a falta de moradias durante e após a Segunda Guerra Mundial, projetando estruturas pré-fabricadas a serem montadas com rapidez e segurança. Ao longo dos anos 1960 e 70, ele criou uma campanha para mobilizar um movimento global de "designers completos", que, segundo idealizava, abandonariam a atuação comercial para se dedicar a construir um futuro melhor, numa abordagem muito semelhante à que Moholy-Nagy defendia.

O design também já foi usado como forma eloquente de protesto político. Jovens artistas e designers franceses ocuparam a École des Beaux-Arts de Paris durante a rebelião estudantil no Maio de 68 para montar o Atelier Populaire, onde criaram centenas de cartazes que chamavam de "armas a serviço da luta". Já a engenhosidade dos membros anônimos do Gran Fury beneficiou uma causa bastante diferente: o grupo foi um coletivo que, entre o final dos anos 1980 e o início dos anos 1990, produziu faixas, cartazes, camisetas e adesivos para promover a conscientização sobre a aids no mundo inteiro e combater concepções errôneas sobre a doença. Um bom exemplo da produção do Gran Fury foi uma série de cartazes com um slogan memorável, em que se lia: "Beijar não mata: a ganância e a indiferença sim".

Apesar da qualidade inspiradora desses projetos, esse tipo de abordagem na atuação do designer permaneceu às margens ao longo do século XX. Contudo, a partir da década passada começa a ocorrer uma transformação radical do design, rumo a torná-lo o meio fluido e aberto descrito em *Vision in Motion*.

O principal catalisador — além da determinação e do vigor dos indivíduos envolvidos — é a profusão de recursos digitais que vêm transformando a prática e as possibilidades do design. A maioria dessas tecnologias é relativamente simples e barata, mas, se aplicadas de forma criativa, podem ser muitíssimo úteis para ajudar os designers a operar de modo independente. Um exemplo são as plataformas de financiamento coletivo para levantar fundos para um projeto. Os designers também podem gerenciar enorme quantidade de dados complexos em computadores de custo acessível e utilizar informações disponibilizadas em código aberto para conduzir campanhas e pesquisas ativistas. Já mídias sociais lhes permitem divulgar seus trabalhos para engajar colaboradores, fornecedores e fabricantes e angariar financiamento ou gerar cobertura na mídia. De forma isolada, cada uma dessas mudanças já teria tido impacto positivo na cultura do design, mas em conjunto elas têm se mostrado metamórficas. Os designers de hoje também se beneficiam da consciência crescente, intensificada pela crise da covid-19, de que as metodologias consagradas já não dão conta de alcançar seus objetivos em áreas de importância crucial, como serviços sociais, serviços de saúde, desenvolvimento econômico e assistência em catástrofes, o que torna os especialistas nessas áreas cada vez mais dispostos a experimentar novos enfoques.

Não significa que todo designer vá, ou deva, se tornar atitudinal. Muitos continuarão estudando e praticando especialidades — como design gráfico, de moda, de interiores, de produtos, de *softwares* ou de experiência do usuário — do jeito convencional, em âmbito comercial. Os felizardos acharão esse trabalho estimulante, produtivo, gratificante e significativo. Alguns deles vão contribuir com empresas que promovem melhorias sociais e ambientais, como as que desenvolvem métodos de geração de energia limpa ou renovável mais eficientes.[4] Contudo, cada vez mais designers aproveitarão a oportunidade para se dedicar às suas preocupações políticas, culturais e ecológicas, atuando de forma independente. Também vão procurar definir métodos de trabalho próprios e idiossincráticos, muitas vezes em colaboração com outros especialistas, tais como artistas, programadores, economistas, políticos, antropólogos, cientistas sociais, psicólogos ou estatísticos. Estes, por sua vez, estarão mais dispostos a se envolver com o design, assim como idealizava Moholy-Nagy.

O capítulo a seguir expõe o que significa design atitudinal na prática, mas aqui adianto dois exemplos. O primeiro se refere a um dos projetos mais ousados e mais midiatizados até agora: The Ocean Cleanup, uma organização holandesa sem fins lucrativos que busca enfrentar um dos principais problemas de poluição do mundo ao remover a infinidade de lixo plástico que degrada os oceanos. Ela foi fundada em 2013 por Boyan Slat, então um estudante de engenharia de produto com dezenove anos, depois que ele constatou haver mais sacos plásticos do que peixes nas águas ao praticar mergulho numa excursão à Grécia. A Ocean Cleanup começou com o objetivo de angariar um financiamento coletivo de 2,2 milhões de dólares, então recorde, para implementar o que parecia um projeto risível, porém extremamente ambicioso: coletar e remover o lixo plástico das enormes manchas de detrito que vêm entupindo o Pacífico. Os planos de Slat foram alvo de crítica tanto de cientistas como de ambientalistas, no entanto ele conseguiu dezenas de milhões de dólares adicionais em subsídios e doações para concluir o desenvolvimento e os testes do projeto, provando o apelo de uma iniciativa audaciosa para lidar com um problema de peso como a poluição plástica. Após experimentações longas e muitas vezes árduas no Pacífico, a Ocean Cleanup concluiu a fase de testes e seguiu desenvolvendo o Interceptor, uma embarcação menor, que remove lixo plástico de rios para impedir que o material chegue ao oceano.

Igualmente ambicioso é o projeto da Sehat Kahani, que vem impactando de forma significativa a qualidade e a disponibilidade de serviços de saúde no Paquistão, em especial aqueles voltados para as mulheres, graças ao talento instintivo para o design da parte de duas médicas, Sara Saeed Khurram e Iffat Zafar Aga. O Paquistão é um país com 200 milhões de habitantes, dos quais menos da metade tem acesso a atendimento médico. A situação é pior para as mulheres, dada a carência severa de médicas, que, depois do casamento, enfrentam pressão social e familiar intensa para deixarem de trabalhar. Foi o caso de Saeed Khurram, coagida a largar o emprego depois de engravidar. Desse modo, há uma grave escassez de médicas para atender as mulheres paquistanesas, muitas das quais não querem ser tratadas por homens. Em 2017, Saeed Khurram e Zafar Aga fundaram a Sehat Kahani — que em urdu significa "Relatório de Saúde" — para possibilitar que médicas trabalhassem de suas casas atendendo pacientes do sexo feminino presentes em clínicas de todo o país por meio de videochamadas. Depois, as médicas entravam em contato com enfermeiros e agentes comunitários de saúde das clínicas, para que providenciassem o tratamento recomendado. Elas encontraram vários problemas — desde a falta de abastecimento elétrico em clínicas rurais até a dificuldade de convencer as pacientes de que a médica que iria atendê-las na tela era qualificada para tratá-las –, mas conseguiam achar soluções. Na época em que a covid-19 se alastrou, a Sehat Kahani havia recém-lançado um aplicativo que se mostrou muito valioso durante os *lockdowns* no Paquistão e logo passou a ser oferecido tanto a homens quanto a mulheres. A organização obteve apoio governamental e em 2022 já atendia mais de 3 milhões de pessoas no país inteiro.

 O design não costumava ser visto como uma solução óbvia para problemas como falta de serviços de saúde ou poluição plástica. Tampouco se imaginava que designers independentes poderiam levantar dezenas de milhões de dólares para conduzir empreendimentos ecológicos épicos nas proporções da Ocean Cleanup, nem que médicos, a exemplo de Saeed Khurram e Zafar Aga, perceberiam que o design poderia ser útil para o seu ofício. Ainda hoje, é mais provável que as pessoas o enxerguem como uma ferramenta de estilização ou como uma das causas de haver tanta poluição plástica nos oceanos, em vez de um recurso para removê-la. Caso a concepção de Moholy-Nagy de "design para a vida" um dia se concretize, esses estereótipos devem acabar. O único jeito de isso ocorrer é se o design comprovar seu valor em outras esferas. O que mais motivaria políticos, burocratas e ONGs a considerá-lo capaz de ajudar vítimas de crimes de guerra a obter justiça ou de desenvolver sistemas globais mais eficientes para gerenciar resíduos eletrônicos? E o que motivaria médicos a continuar a usá-lo como ferramenta? O design só conseguirá desempenhar um papel mais proeminente e potente em nossas vidas se demonstrar que merece fazê-lo, com uma atuação sábia e sensível e valendo-se da "atitude inventiva e cheia de recursos" exposta em *Vision in Motion*.[5]

Notas

1 Sibyl Moholy-Nagy, *Moholy-Nagy: Experiment in Totality*. New York: Harper & Brothers, 1950, pp. 213-23.
2 Ibid., p. 247.
3 L. Moholy-Nagy, *Vision in Motion*. Chicago: Paul Theobald & Co, 1947, p. 42.
4 Em sua conferência da série TED em Vancouver em 2016, intitulada "A causa de otimismo quanto às mudanças climáticas", Al Gore identificou como uma das principais causas de otimismo quanto às mudanças climáticas não só o aumento inesperadamente elevado das fontes de energia limpa ou renovável, como também a diminuição de seu custo. Segundo Gore, a geração de energia eólica tinha crescido vinte vezes mais em relação ao previsto na época de sua conferência de dez anos antes, intitulada "Uma verdade inconveniente". Ele afirmou ainda que a geração de energia solar tinha crescido cerca de setenta vezes, possibilitando assim diminuir o consumo de combustível fóssil. Al Gore, "The Case for Optimism on Climate Change", conferência TED, disponível on-line.
5 L. Moholy-Nagy, op. cit., p. 42.

Imagem de vídeo de *Cambio*, projeto de pesquisa do estúdio de design italiano Formafantasma sobre o papel do design na comercialização global de madeira. *Cambio* foi comissionado para uma exposição realizada na Serpentine de Londres, em 2020.

1.
O que é design atitudinal?

Muitas vezes, a tarefa do designer é dar forma a mensagens em que ele não teve participação alguma. Eis um livro. Você não o escreveu e não vai modificá-lo, apenas apresenta da melhor forma as informações que outra pessoa criou. Você não está verdadeiramente colaborando com alguma coisa, pois ela já está lá, um fato consumado. Decidi que tinha que me livrar dessa ideia.

— MURIEL COOPER apud JANET ABRAMS, "Muriel Cooper's Visible Wisdom". *I-D magazine*, 1994.

Se existe um designer que personifique o design como atitude, essa pessoa é Willem Sandberg. No cargo de diretor do Museu Stedelijk de Amsterdã de 1945 a 1962, Sandberg não só o consagrou como uma das instituições culturais mais dinâmicas do pós-guerra promovendo novos movimentos artísticos e inserindo o design e a fotografia no acervo, como também exerceu a função extraoficial e não remunerada de seu designer gráfico. Trabalhando até tarde da noite e rabiscando abaixo da mesa em reuniões de diretoria, ele projetou centenas de catálogos e cartazes, além de toda a papelaria e os ingressos do Stedelijk. Sandberg se orgulhava da economia de suas produções gráficas. Muitos cartazes eram exclusivamente tipográficos, compostos com a pequena variedade de fontes disponíveis nas gráficas de Amsterdã, nunca com mais de três cores, uma das quais era sempre o vermelho. No entanto, suas composições eram tão inventivas, com contrastes de cores e fontes, que sempre resultavam elegantes, atraentes e completamente apropriadas ao tema de cada exposição.

Se sua reputação se baseasse apenas na produção gráfica para o Stedelijk, Sandberg seria celebrado como um talentoso designer modernista, mas ele foi muito além disso ao direcionar o design para fins bastante diversos. Filho de uma abastada família holandesa, nascido em 1897, Sandberg teve uma juventude privilegiada em meio à *intelligentsia* europeia. Depois de estudar arte em Amsterdã por um ano, juntou-se a grupos vanguardistas na Áustria, na França e na Alemanha e trabalhou numa gráfica suíça, onde ficou fascinado por tipografia. Ao retornar a Amsterdã em 1928, montou um estúdio de design gráfico e passou a trabalhar para o Stedelijk. Dava conselhos tão incisivos sobre o conteúdo das exposições que o museu o contratou como curador em 1937. No ano seguinte, ele organizou a exposição *Abstracte Kunst* [Arte abstrata], uma das primeiras sínteses do tema já apresentadas por um grande museu internacional. Contudo, sua vida mudou radicalmente na Segunda Guerra Mundial, quando a Alemanha invadiu os Países Baixos em 1940 e ele se juntou à Resistência holandesa, na qual encontrou novas formas de aproveitar suas habilidades em design.

Durante os primeiros anos da ocupação alemã, Sandberg empregou sua destreza gráfica e seus conhecimentos de tipografia para falsificar documentos de identidade para centenas de judeus, dissidentes políticos e outros ameaçados de perseguição. Os documentos falsos eram impressos aos domingos na gráfica de um dos seus amigos mais íntimos e companheiro de Resistência, Frans Duwaer. As falsificações de Sandberg eram tão convincentes que a maioria das pessoas que ele ajudou conseguiu escapar (mais tarde ele descreveria isso como "o maior prêmio que já recebi por um trabalho tipográfico").[1] Entretanto, a Gestapo utilizava um meio infalível para verificar se os documentos de identidade eram falsos: ela os comparava com os documentos oficiais guardados no Arquivo Público de Amsterdã. Em 1943, desesperados para impedir que isso acontecesse, Sandberg e quatro companheiros tramaram um plano para incendiar o Arquivo Público e destruir o material ali guardado. Foram denunciados à Gestapo e fugiram.

Um a um, os cúmplices de Sandberg foram capturados e executados. Ele sobreviveu vivendo sem chamar a atenção em localidades meridionais e orientais dos Países Baixos, sob o pseudônimo Henri Willem van den Bosch. Mal conseguindo se manter em períodos de escassez severa de alimentos, Sandberg vivia sob o pavor da captura e em constante tormento por saber que vários amigos já estavam mortos, que sua esposa estava presa e o filho deles, num campo de concentração. Depois de lançar mão de suas habilidades em design para salvar tantas vidas atuando em prol da Resistência, ele contou com a ajuda do design para suportar a existência solitária e precária de fugitivo. Entre dezembro de 1943 e abril de 1945, Sandberg começou a projetar e prototipar uma série de dezenove livretos que denominou *Experimenta Typographica*.

Cada livreto tinha aproximadamente 15 × 20 centímetros e até sessenta páginas, contendo desenhos, colagens, exercícios tipográficos e textos escritos por ele mesmo ou por alguns de seus escritores prediletos, como o romancista Stendhal e o filósofo político Pierre-Joseph Proudhon. Sandberg fez várias cópias com os materiais que conseguia encontrar, quase sempre pedaços de papel e papelão catados na rua, amostras de papel de parede ou páginas arrancadas de revistas. Cada edição era dedicada a um tema que o intrigasse e houvesse influenciado seu trabalho antes da guerra, como arquitetura, morte, educação, amor e tipografia. Foi extremamente perigoso produzir as primeiras edições da série. Frans Duwaer concordou em imprimi-las, mas foi preso e morto pela Gestapo. Os livretos acabaram sendo impressos por um tipo de gráfica conhecido como *Vijpondpers*, ou "gráfica de cinco libras", em referência à proibição nazista de publicações que exigissem mais que cinco libras[2] de papel. Mergulhar num processo criativo prolongado como o da *Experimenta Typographica*, repleto de ideias e valores que ele tanto apreciava antes da guerra, deu a Sandberg a coragem para enfrentar a condição de viver sob o pavor de perder a própria vida e a das pessoas que amava.

1. O que é design atitudinal? 25

Quando a guerra terminou, ele retornou a Amsterdã, onde se reuniu à esposa e ao filho e foi nomeado diretor do Stedelijk. O subsequente trabalho de design de Sandberg para o museu se beneficiou da precisão e da inventividade técnica de suas falsificações para a Resistência e da simplicidade vibrante da série *Experimenta Typographica*. Ao utilizar o design não só como ferramenta cultural, mas também como defesa contra as violações dos direitos humanos e meio de autoexpressão profundamente pessoal, Sandberg tornou-se um exemplo da concepção de design como atitude de László Moholy-Nagy.

Entretanto, o design vem sendo praticado dessa maneira há séculos, bem antes que se inventasse um nome para descrevê-lo ou que Moholy-Nagy procurasse redefini-lo. Sempre que os seres humanos foram obrigados a se adaptar a mudanças — fosse fabricando novos objetos ou estruturas, fosse desenvolvendo meios de moderar o próprio comportamento ou o dos outros —, viram-se às voltas com problemas de design, mas o fizeram de modo intuitivo, muitas vezes inconsciente. Homens e mulheres pré-históricos atuaram como designers ao afiar paus e pedras para servir de ferramentas agrícolas ou ao moldar argila para fazer vasilhames e ter onde comer e beber. Também foi o caso dos antigos egípcios em empreitadas épicas, como a construção de pirâmides colossais no contexto de rituais fúnebres rebuscados, ou projetos pessoais, como a confecção meticulosa de um dedão do pé em madeira e couro. Supõe-se que essa prótese ancestral, descoberta em 1997 por arqueólogos que escavavam uma câmara mortuária perto de Luxor, tenha sido feita sob medida para uma mulher abastada há mais de 3 mil anos.[3]

Muitas façanhas posteriores no campo do design também foram instintivas. A bandeira branca foi oficialmente reconhecida como símbolo de rendição pelas Convenções de Haia de 1899 e 1907, mas tinha sido usada para esse fim já nos tempos da Dinastia Han, no século I. O punho erguido foi reconhecido como um sinal de resistência e unidade diante das adversidades há mais de 2 mil anos, desde que foi identificado como um emblema de Ishtar, a deusa mesopotâmica do amor, do sexo e da guerra. O mesmo símbolo foi adotado por diversos tipos de manifestantes, desde defensores de direitos dos trabalhadores no início do século XX até participantes dos movimentos Black Power e feministas dos anos 1960 e 70 e, mais recentemente, manifestantes da causa Black Lives Matter.

Proezas improvisadas em matéria de design também fomentaram êxito econômico. Um exemplo é a cidade de Veneza, cujos habitantes desafiaram as leis da física e da natureza: primeiro ao construir uma cidade nas ilhotas lamacentas da lagoa de Veneza no século V e depois ao defendê-la da ameaça de erosão, umidade, poluição e inundação. Para tanto, elaboraram métodos inovadores de edificação e reparo, a começar pelos troncos de árvores que transportaram por mar desde a Eslovênia e fincaram no fundo da lama para suspender a cidade acima da água. No final do século XVII, Veneza já era a cidade mais rica e sofisticada da Europa, com um império que se estendia a oeste quase até Milão e além-mar até Chipre, em boa parte graças à perícia projetual do estaleiro Arsenale. Louvado como o complexo manufatureiro mais eficiente da época, o Arsenale ocupava mais de cem acres, cerca de um oitavo da cidade. Seu sucesso se devia às várias gerações de engenheiros navais venezianos que haviam otimizado a produção sem comprometer a qualidade final dos navios. Cada área específica do estaleiro tinha uma especialização, como produção de cabines, cordame e outros componentes das embarcações, e o design de cada componente era padronizado para obter maior produtividade e precisão. Os navios em construção flutuavam de área em área ao longo dos canais que atravessavam o estaleiro. No início do século XVI, esse sistema já estava tão avançado que o Arsenale podia acomodar até cem navios ao mesmo tempo, montar uma embarcação básica em poucas horas e equipá-la com armas de fogo de última geração até o fim do dia, o que resultou no fornecimento de uma esquadra formidável, voltada a defender e expandir o império veneziano.

Mas o design não perdeu sua função pré-histórica — regida pelo lema "a necessidade é a mãe da invenção" — de ferramenta útil para pessoas inventivas em situações adversas. Quando Florence Nightingale, reformadora da assistência de saúde do século XIX, voluntariou-se para trabalhar nas enfermarias do Exército Britânico na Turquia durante a Guerra da Crimeia, ficou horrorizada ao constatar que os pacientes morriam mais de infecções contraídas nas enfermarias imundas do que de ferimentos em batalha. Nightingale recorreu às pesquisas de um médico e reformador social que atuava em Manchester, John Roberton, responsável por projetar hospitais-modelo e casas de convalescença pós-operatória levando em conta condições de asseio e segurança. Ela adaptou o projeto para uso militar e pressionou o governo por financiamento para implementá-lo, tornando-se uma das primeiras designers da informação ao desenhar gráficos circulares com grande habilidade para comunicar seus argumentos de forma clara e convincente. De volta à Grã-Bretanha após a guerra, Nightingale empregou uma estratégia similar numa campanha para a construção de hospitais civis maiores, mais higiênicos e mais bem equipados.

Àquela altura, processos de design já vinham sendo aplicados por mais de um século de maneira intencional e sistemática para fabricar uma quantidade imensa de bens com qualidade consistente. A prática do design também já tinha sido formalizada e profissionalizada com a criação de programas de capacitação, de escolas especializadas e de categorias e metodologias claramente definidas. E, apesar dos esforços de Moholy-Nagy, Buckminster Fuller, do Atelier Populaire, do Gran Fury, de Sandberg e de iniciativas afins, o design como profissão continuou a ser visto predominantemente por esse viés industrial. Graças às novas ferramentas digitais, os designers de hoje se veem liberados e capacitados para trabalhar de forma autônoma no sentido atitudinal imaginado por Moholy-Nagy. O que estão fazendo com sua recém-conquistada liberdade?

Em *Vision in Motion*, Moholy-Nagy elencou os atributos que caracterizam o design atitudinal. Um deles consiste em interpretar o design como uma "atitude hábil e inventiva", e não como um processo formal. Outro, na convicção de que o design deve estar a serviço das grandes questões de seu tempo: dos assustadores desafios sociais, políticos, ambientais e econômicos. Moholy-Nagy também julgava que os designers deveriam ser arrojados o bastante para identificar as causas que desejassem abraçar, bem como ter a mente suficientemente aberta para recorrer à perícia de pessoas que atuassem em outras áreas e permitir que mergulhassem no projeto.

Boyan Slat, Sara Saeed Khurram e Iffat Zafar Aga se encaixam com perfeição no perfil, assim como tantos outros designers que estão enfrentando desafios igualmente urgentes. O Brave New Alps, grupo de design fundado por Bianca Elzenbaumer e Fabio Franz no Tirol italiano, cria e executa projetos de design social que enfocam adversidades políticas e econômicas de comunidades em toda a Itália. O grupo costuma atuar com designers associados e colaboradores de outras áreas. Um dos projetos, Hospital(ity) School, fornece assistência médica e jurídica e capacitação para imigrantes que trabalham nas colheitas sob o que um padre local descreveu como "condições desumanas e desesperadoras" em Rosarno, um município do sul da Itália com um histórico brutal de conflito racial. Outra iniciativa é La Foresta, uma escola comunitária inaugurada em 2021 numa edificação sem uso de uma estação ferroviária no município alpino de Rovereto. O lugar constitui um núcleo que busca ajudar a população local a desenvolver iniciativas coletivas, entre as quais um programa pré-escolar florestal oferecido nas terras de uma fazenda. Também promove uma atividade em que um forno panificador itinerante, montado sobre uma bicicleta de carga, percorre vilarejos próximos para realizar workshops de panificação e promover debates sobre políticas alimentares.

Outro projeto que se debruça sobre situações extremas, mas emprega metodologias bem diferentes, é o Forensic Architecture. Trata-se de uma agência de pesquisa especializada em design criada pelo arquiteto israelense Eyal Weizman na faculdade Goldsmiths da University of London, que busca obter justiça para vítimas de crimes ambientais e de guerra e de outras violações de direitos humanos. Atuando em conjunto com programadores, jornalistas, advogados, arqueólogos e cientistas, a agência examina dados de diversas fontes, dentre elas projetos arquitetônicos, informações em código aberto ou gravações em vídeo em celulares de testemunhas, a fim de desvendar a verdade acerca de catástrofes como as explosões no porto de Beirute em agosto de 2020 e do assassinato, anteriormente naquele ano, de Muhammad al-Arab, um jovem migrante sírio que cruzava a fronteira da Turquia para a Grécia. O Forensic Architecture reconstitui incidentes por meio de maquetes virtuais e animações digitais a serem utilizadas como provas em investigações oficiais, avaliações de políticas e casos jurídicos.[4]

Nem o Forensic Architecture nem o Brave New Alps poderiam realizar tais programas de design corajosos, ambiciosos e extremamente pessoais sem as ferramentas digitais que estão fomentando o avanço do design atitudinal. Isso também vale para a nova geração de designers que atua em países africanos, onde a população tem mais acesso a redes de telefonia celular do que à água encanada potável. A África quase nunca é mencionada nas abordagens ortodoxas da história do design do século xx, mas as culturas de design de Burquina Faso, Gana, Quênia, Mali, Nigéria e outras nações africanas vêm sendo transformadas por tecnologias que começam a disponibilizá-las para pessoas que até então eram excluídas, em razão da falta de capacitação ou de investimento — e muitas vezes de ambos.

Os designers africanos já estão à frente dos avanços da IOT [Internet of Things — Internet das Coisas], em que há troca de informações entre objetos conectados à internet. Vários deles vêm projetando produtos médicos destinados a melhorar os serviços de saúde para habitantes de áreas rurais remotas, situadas a centenas de quilômetros de hospitais bem aparelhados e com equipe especializada.

O designer de softwares camaronês Arthur Zang criou um monitor cardíaco móvel, o Cardiopad, adaptando um tablet convencional. Com ele, a equipe médica local pode verificar os batimentos cardíacos dos pacientes e enviar os dados para análise de um hospital distante, via on-line. O diagnóstico é então enviado, trazendo recomendações de tratamento e poupando os pacientes de deslocamentos incômodos, caros e potencialmente desnecessários. Já a Peek Vision, uma rede de médicos e designers atuantes em Botsuana, em Gana e no Quênia, vem aplicando metodologias similares para desenvolver ferramentas de rastreamento com uso de smartphones. Por meio de exames realizados em escolas e em comunidades locais, a equipe consegue detectar deficiências oculares. Ao possibilitar que pacientes sejam diagnosticados e tratados de maneira mais rápida e fácil, esses inventos podem ajudar milhões de pessoas ao redor do mundo.

A acessibilidade recente do design vem atraindo pessoas de diversas disciplinas, a exemplo dos médicos botsuaneses que ajudaram a desenvolver as ferramentas da Peek Vision e das médicas paquistanesas da Sehat Kahani. É o caso da ativista social britânica Hilary Cottam, que se viu envolvida ao utilizar o design como ferramenta em sua pesquisa para recriar o Estado de bem-estar social para o século XXI. Tradicionalmente, a participação de designers no enfrentamento de problemas sociais como desemprego, falta de moradia e dificuldades relacionadas ao envelhecimento progressivo da população se limitava à produção de websites ou brochuras para expor aquilo que cientistas sociais, políticos e economistas decidissem comunicar, mas Cottam inseriu os designers no processo de tomada de decisões. Ela montou equipes multidisciplinares encabeçadas por designers e por quem tivesse executado o processo de design para analisar problemas sociais complexos e propor soluções alternativas. Um dos projetos substituiu o conjunto padronizado de benefícios assistenciais — relativamente dispendioso e ineficaz — que um conselho local de Londres oferecia a moradores idosos por um sistema personalizado, denominado Circles. Com ele, os idosos residentes em cada área distrital contribuíam com seus conhecimentos e habilidades para ajudar uns aos outros, em vez de receber assistência externa de modo passivo. Esse modelo foi reproduzido por programas similares em todo o Reino Unido. O trabalho de Cottam influenciou diversos agentes de design social pelo mundo, e em 2020 ela publicou um manifesto sobre o futuro do design de sistemas sociais, *Welfare 5.0*.[5]

Há inúmeras outras iniciativas, tal como se relata nos capítulos seguintes. Elas incluem desde designers conceituais que tratam o projeto como um meio de pesquisa e de estudo analítico, a exemplo da abordagem do estúdio italiano Formafantasma acerca do comércio global de madeira, até aventureiros do design ecológico. Também há indícios desse tipo de postura nas equipes de design corporativo. Os mais de mil designers empregados ao redor do mundo pela Nike têm liberdade absoluta para usar um espaço experimental, o Blue Ribbon Studio, no coração da sua sede global em Beaverton, no Oregon, onde dispõem de ferramentas de marcenaria e serralheria, impressoras 3D, cubas de tingimento, *stonewashing*, aulas de ikebana e milhares de livros sobre arte, arquitetura e design. A Fuseproject, a IDEO e outras empresas de consultoria em design estimulam os funcionários a experimentar projetos *pro bono* para complementar suas atribuições. Não que seus motivos — ou os da Nike — sejam de todo desprovidos de interesses mercadológicos: esses experimentos muitas vezes revelam ideias interessantes e inesperadas para novos projetos da empresa, e não só atraem designers recém-formados cobiçados para trabalhar nessas empresas como podem desencorajá-los de migrar para as concorrentes. A Fuseproject também tem aplicado o entusiasmo atitudinal ao aspecto comercial do design, promovendo projetos em conjunto com empresas iniciantes e substituindo honorários por participação acionária ou royalties sobre os produtos resultantes.

Inevitavelmente, nem todas as iniciativas de design atitudinal têm sido bem-sucedidas. Programas de design humanitário, como os do Brave New Alps e do Forensic Architecture, podem ser tão inquietantes e controversos quanto qualquer outro na área de desenvolvimento econômico. O design sustentável tem se mostrado igualmente sujeito a instabilidades, como constatou a Ocean Cleanup,[6] e até alguns dos empreendimentos em design social mais bem-sucedidos, incluindo os experimentos de Cottam, são ameaçados por mudanças políticas repentinas, tais como reformas em políticas governamentais ou cortes em financiamentos públicos. O design atitudinal é uma obra em progresso e é bem possível que continue a ser. Apesar disso, os benefícios da sua abertura a novos âmbitos e a pessoas com aptidões diversas já são mais que evidentes, como Willem Sandberg demonstrou de modo tão determinante.

Notas

1 Ank Leeuw Marcar (org.), *Willem Sandberg — Portrait of an Artist*, Amsterdam: Valiz, 2014, p. 165.
2 Antiga unidade de medida, correspondente a 459,5 gramas. [N. E.]
3 Jason Daley, "This 3,000-Year-Old Wooden Toe Shows Early Artistry of Prosthetics". *Smithsonian.com*, 21 jun. 2017.
4 Matthew Fuller e Eyal Weizman, *Investigative Aesthetics: Conflicts and Commons in the Politics of Truth*. London: Verso, 2021.
5 Hilary Cottam, *Welfare 5.0: Why we need a social revolution and how to make it happen?*. UCL Institute for Innovation and Public Purpose, Policy Report, 2020.
6 Lindsey Kratochwill, "Too Good to Be True? The Ocean Cleanup Project Faces Feasibility Questions". *The Guardian*, 26 mar. 2016.

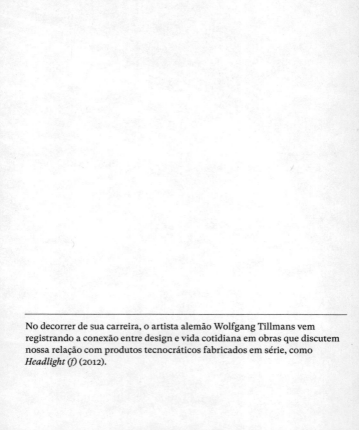

No decorrer de sua carreira, o artista alemão Wolfgang Tillmans vem registrando a conexão entre design e vida cotidiana em obras que discutem nossa relação com produtos tecnocráticos fabricados em série, como *Headlight (f)* (2012).

2.
Note a diferença: design e arte

*Se as pessoas entenderem,
não é preciso explicar.
Se não entenderem,
não adianta explicar.*

— JEAN PROUVÉ

Há palavras tóxicas em todos os campos, e em se tratando de design duas das mais sinistras são "escultórico" e "artístico". Não que necessariamente haja algo de errado com projetos de design que apresentem um ou outro atributo; o problema é que os que são descritos assim quase nunca os têm. É bem provável que estes tenham uma das seguintes características, ou todas elas: desinteressante, frívolo, ostentoso, pretensioso, pouco original, ridículo ou injustificavelmente caro. É só dar uma olhada nos estandes duvidosos de uma feira de "design/arte" para entender o que quero dizer.

O problema não é que os termos "escultórico" e "artístico" sejam inexatos ou pejorativos sem querer. Infelizmente, esses adjetivos são mais nocivos porque também reforçam a suposição de que o design pode ser, de algum modo, enobrecido quando o assemelhamos à arte. (É verdade, porém, que utilizar a linguagem da arte pode ajudar os negociantes de "design/arte" a convencer colecionadores impressionáveis a desembolsar mais grana por suas mercadorias, mas essa é outra questão.) O design não é inferior à arte: é apenas diferente dela. Mas como exatamente duas áreas diferem, numa época em que artistas e instituições de arte vêm sendo cada vez mais absorvidos pelo design e em que está se tornando cada vez mais difícil distinguir as críticas à cultura do design e aos projetos ativistas feitos por designers daqueles realizados por artistas?

Historicamente, não havia nenhuma diferença perceptível entre o design e a arte. Ambos eram agrupados naquilo que os gregos antigos denominavam *techné*, ao lado do artesanato, da medicina e da música. Foi somente com o Renascimento que surgiu uma distinção, e então se atribuiu aos artistas um status social e cultural superior ao dos designers e artesãos. Quando a primeira escola de arte, a Accademia e Compagnia delle Arti del Disegno, foi fundada em Florença, em 1563, arte e design eram estudados separadamente. Outras escolas seguiram o mesmo exemplo ou se concentraram no ensino da arte e por vezes no de arquitetura, ignorando o design.

O abismo entre os dois campos se ampliou durante a Revolução Industrial, quando a prática do design foi formalizada como um meio de possibilitar que fabricantes produzissem uma quantidade imensa de bens mais ou menos idênticos. No início da era industrial, as fábricas, a exemplo das olarias de Josiah Wedgwood e de Miles Mason, eram consideradas tão emocionantes que intelectuais e colunáveis londrinos organizavam viagens para visitá-las no norte da Inglaterra e nas Midlands.[1] Os industriais astuciosos se aproveitaram bastante desse poder de atração para convencer artistas famosos a trabalhar para eles: foi o caso de Wedgwood ao contratar George Stubbs e John Flaxman para criar padrões ornamentais para seus vasos. Não por acaso, muitas vezes se diz que ambos os artistas foram os designers de Wedgwood, quando na verdade eles não fizeram mais que decorar cerâmicas. As decisões de projeto mais importantes, relativas às especificações técnicas e à escolha dos materiais, esmaltes e técnicas de aquecimento, eram tomadas pelo próprio Wedgwood e pelos seus modeladores, em sua maioria rapazes locais de origem humilde que tinham sido treinados na fábrica como aprendizes adolescentes.[2]

No início do século XIX, como o entusiasmo com a indústria já tinha diminuído, surgiu a demonologia dos "sombrios moinhos satânicos". A fabricação e tudo associado a ela passaram a ser detratados como algo sujo, nocivo, ordinário e destrutivo. Os artistas que antes ansiavam por trabalhar para Wedgwood e seus colegas foram substituídos pelos "desenhistas/projetistas", na sua maioria mal remunerados e subalternos, cujo papel se limitava a copiar símbolos históricos de livros. Os museus, fundados para elevar os padrões do design na fabricação, entre eles o Victoria & Albert Museum de Londres, inaugurado em 1852, e o Museu de Artes Aplicadas de Viena, inaugurado em 1864, tendiam a privilegiar as artes decorativas. A antipatia crescente pela indústria cristalizou-se com o movimento Arts and Crafts que, cada vez mais popular, defendia a retomada dos modos de produção artesanais e rurais. Até mesmo os esforços de um designer industrial tão talentoso como Christopher Dresser, que desenvolvia objetos esmerados e diferenciados realizando estudos exaustivos acerca de diversos materiais, técnicas de produção e estilos históricos, bem como sobre os pontos fortes e fracos das oficinas e dos trabalhadores que fabricavam seus projetos, tiveram pouco impacto para reverter o estereótipo do design como uma ferramenta indiferente de comercialização.

Os construtivistas contestaram esse estereótipo nos anos 1910 ao defender uma noção mais esclarecida do potencial do design para gerar uma sociedade mais justa e mais produtiva — primeiro no Leste Europeu e depois mais além, à medida que László Moholy-Nagy, El Lissitzky e outros participantes do movimento se estabeleciam em outros países. Nos anos 1930, curadores de arte vanguardistas, tais como Alexander Dorner, do Landesmuseum de Hanôver, já tinham realizado experiências com design.

Foi o que fez o curador e ex-arquiteto Philip Johnson no Museu de Arte Moderna de Nova York em 1934 ao exibir êmbolos, molas, rolamentos, hélices e outros exemplos de beleza industrial na exposição *Machine Art*. Os críticos atacaram a mostra, mas Johnson adquiriu cem das peças expostas para constituir o que depois viria a se tornar o prestigiado acervo de design do museu.

Outros museus de arte moderna incorporaram o design no pós-guerra, entre eles o precursor do Centro Pompidou de Paris e o Museu Stedelijk de Amsterdã quando dirigido por Willem Sandberg. Assim como Johnson, os curadores dessas instituições tendiam a enfocar a dimensão estética do design industrial. Tinham seus motivos para isso, claro, especialmente quando se tratava de objetos tão atraentes quanto os produtos eletrônicos admiráveis concebidos por Ettore Sottsass para a Olivetti e por Dieter Rams para a Braun no fim dos anos 1950 e nos anos 1960. Porém, aspectos talvez mais importantes do design, como seu impacto cultural e ambiental e sua relação com as mudanças tecnológicas, fossem com frequência negligenciados.

Até mesmo as tentativas mais radicais de abordar a influência do design na cultura contemporânea concentraram-se em seu papel no consumismo. Um exemplo é *This Is Tomorrow*, a exposição multidisciplinar organizada pelos artistas, arquitetos e designers do Independent Group e inaugurada na Whitechapel Gallery de Londres em 1956 com a presença de Robby the Robot, do filme de ficção científica *Planeta proibido*. Richard Hamilton, um dos artistas da mostra, fez análises rigorosas sobre o design de carros e eletrodomésticos e a elaboração de imagens de moda ao longo de toda a sua carreira. Também fez esculturas com ícones do mercado de consumo em massa, tais como dentes postiços e escovas dentais elétricas, e povoou suas pinturas com imagens de robôs, torradeiras, revistas em quadrinhos, logotipos de empresas, estrelas hollywoodianas e outras iconografias comerciais. Por mais sério e sofisticado que fosse o interesse de Hamilton por design, ele se concentrava em suas propriedades estilísticas e inclinações populistas.[3] O mesmo ocorreu com a obra de outros artistas que abordavam o design de maneira igualmente elaborada, como Ed Ruscha nos Estados Unidos e Isa Genzken na Alemanha. Ruscha catalogou representações gráficas comerciais e edificações vernaculares em suas pinturas e fotografias, enquanto Genzken explorou o papel da moda, da tecnologia e do lixo na cultura do consumo. Os mesmos estereótipos foram reforçados por grande parte do discurso crítico sobre design apresentado no final do século XX, a exemplo dos ensaios do crítico britânico Reyner Banham[4] e dos filósofos franceses Roland Barthes[5] e Jean Baudrillard.[6]

Em conjunto, esses artistas e ensaístas sustentaram a concepção errônea e popular de que o design é uma ferramenta estilística empregada para fins comerciais e despreocupada com as consequências ambientais ou éticas, ao mesmo tempo que enfatizaram o caráter concessivo no processo de design. Os artistas eram vistos como livres para se expressar em suas obras, em geral feitas por eles mesmos, mas nem sempre, ao passo que os designers tinham de enfrentar inúmeros entraves, desde as exigências de clientes e fabricantes até as restrições práticas da necessidade de projetar coisas que fossem robustas o bastante para resistir ao uso diário.

Mesmo a ideia de que o design só era digno de consideração cultural quando julgado visualmente agradável era um rebaixamento. Ela o associava à noção antiquada de arte como busca pela perfeição estética, numa época em que os artistas vanguardistas estavam justamente explorando os aspectos mais conturbados, sombrios e perturbadores da vida — algo que parecia alheio a uma busca de beleza fabricada em série. Não é de admirar que, quando o teórico da cultura galês Raymond Williams identificou as palavras mais usadas para discutir a cultura e a sociedade britânicas em seu livro *Palavras-chave*, de 1976, o design não constasse entre elas, nem que tampouco tenha sido mencionado na edição ampliada de 1983.[7]

Já não se pode mais ignorar o design com tanta facilidade, sobretudo em razão do avanço do design atitudinal e das mudanças que ele trouxe para a prática da área, que possibilitaram aos designers de todos os campos de atuação definir objetivos próprios e exercer maior controle sobre seu trabalho. Como vimos, além de mais expressivo e polêmico, o design se tornou mais apto a enfrentar complexos desafios sociais, políticos e ambientais. Até mesmo as suas atribuições tradicionais, tais como a interpretação dos progressos científicos e tecnológicos, adquiriram importância renovada.

O design se tornou tão cativante que um número crescente de instituições de arte tem ampliado seu envolvimento com ele: desde a Kunsthalle de Viena, a Serpentine de Londres, o Palais de Tokyo de Paris, o Van Abbemuseum de Eindhoven e a National Gallery of Victoria (NGV) de Melbourne até o Artists Space e o New Museum de Nova York. Um dos novos gêneros mais importantes de design é o da pesquisa intensiva sobre áreas controversas da prática projetual, que busca revelar seu impacto socioeconômico e ambiental e distinguir métodos de trabalho mais seguros e sustentáveis. Não por acaso, dois dos projetos mais influentes nesse campo, as investigações conduzidas por Simone Farresin e Andrea Trimarchi do estúdio Formafantasma, sobre o enganoso e em grande parte ilícito comércio global de lixo eletrônico e sobre a danosa e abusiva indústria madeireira, foram fomentados por instituições de arte: a NGV e a Serpentine, respectivamente.[8]

Os artistas também estão cada vez mais interessados em pesquisar o design e o seu impacto na sociedade. Ed Atkins, Ian Cheng, Camille Henrot, Mark Leckey, Helen Marten, Yuri Pattison, Magali Reus, James Richards e Anne de Vries exploram o impacto da tecnologia digital na maneira como nos relacionamos com o mundo. Um segmento importante da obra do artista alemão Wolfgang Tillmans consiste em analisar e documentar a evolução dos objetos, espaços e estruturas artificiais que rodeiam nosso cotidiano por meio de suas fotos de chaves, interfaces digitais e faróis de automóveis. O artista e geógrafo estadunidense Trevor Paglen examina o impacto de todas as formas de tecnologia de vigilância, desde sistemas de identificação biométrica até drones furtivos e satélites de coleta de dados. A necessidade urgente de desenvolver modos de vida mais sustentáveis para os seres humanos e outras espécies à medida que a crise climática se intensifica é uma preocupação central de uma infinidade de artistas, entre eles Abbas Akhavan, Ursula Biemann, Cooking Sections, Yu Ji, Anicka Yi e Andrea Zittel.

Alguém imaginaria que um artista ou designer iria examinar o impacto do colonialismo e do racismo na tradição artesanal? Foi o que fez o artista e ativista afro-americano Theaster Gates em workshops de cerâmica e em pesquisas sobre a importância da etnicidade na cerâmica de Dave Drake e da ceramista fictícia Shoji Yamaguchi, assim como em um projeto londrino ambicioso que começou com uma pesquisa no acervo de cerâmica do Victoria & Albert Museum e prosseguiu com *A Clay Sermon* [O sermão da argila], uma exposição na Whitechapel Gallery em 2021, e o design do Serpentine Pavilion de 2022.[9] Também o fez o Formafantasma em *Moulding Tradition* [Moldando a tradição], um projeto de cerâmica que explora o legado da conquista muçulmana da Sicília nos séculos IX e X no contexto da ascensão do racismo na Itália contemporânea.

Numa época de ativismo, em que os trabalhos de designers e de artistas estão cada vez mais politizados, tornou-se ainda mais complicado diferenciar suas atuações, até porque muitos projetos iniciados no âmbito do design vêm sendo abarcados ou promovidos por instituições de arte contemporânea, bienais e programas de residência artística. Basta ver o Forensic Architecture, cujas pesquisas têm sido amplamente expostas no mundo da arte, como a Documenta de Kassel 14, o Palais de Tokyo de Paris, a Whitney Biennial de Nova York e a Whitworth Art Gallery de Manchester. Em 2018, o Forensic Architecture foi indicado para o mais reconhecido prêmio de arte contemporânea do Reino Unido, o Turner Prize da Tate e, no ano seguinte, um dos indicados foi um de seus colaboradores, Lawrence Abu Hamdan, que de seu estúdio em Beirute concebe meios de analisar sons para serem usados como prova em investigações criminais.

Faz diferença se esses trabalhos são reconhecidos como design ou como arte? Nem um pouco, ao menos quando se considera o que realmente importa — o mérito do resultado e a intrepidez, a perspicácia e a originalidade. Mesmo assim, há claras distinções entre os dois campos. Uma delas é que todos os projetos de design têm uma finalidade funcional: vasos utilizáveis em *Moulding Tradition* do Formafantasma e justiça (assim se espera) resultante das investigações do Forensic Architecture. Algumas das cerâmicas produzidas nos workshops de Gates também são utilizáveis, mas nem todos os seus projetos se destinam a ter aplicações práticas. Na qualidade de artista, ele tem liberdade de escolha, ao contrário dos designers, para quem a funcionalidade é compulsória. Não que seu trabalho necessariamente precise ser funcional no sentido prático, já que a definição de design vem se tornando cada vez mais flexível, motivo pelo qual também pode abranger as pesquisas intensivas do Formafantasma e do Forensic Architecture.

Outro atributo essencial de um projeto consiste em que se relacione, em alguma medida, com a cultura do design, seja por meio da aplicação do processo projetual, seja fazendo referências históricas ou contemporâneas ao design no trabalho finalizado. O Forensic Architecture cumpre esse requisito ao usar software de análise espacial e outras ferramentas de design e arquitetura em seus estudos. A experiência de projetar e produzir os vasos em *Moulding Tradition* foi essencial para a evolução do pensamento do Formafantasma, cujas pesquisas sobre lixo eletrônico e sobre a comercialização de madeira implicam formular propostas para melhorias práticas em segmentos relevantes da prática do design. De modo similar, tanto o designer italiano Martino Gamper como a artista iraniano-alemã Nairy

Baghramian examinaram a obra do arquiteto e designer italiano Carlo Mollino, de meados do século XX, mas adotaram enfoques bem diversos. Gamper abordou o tema construindo móveis novos com componentes rejeitados do mobiliário de Mollino em *Martino with Carlo Mollino*: somente assim poderia analisar suas minúcias de design e montagem. Já Baghramian decidiu executar seu exame sob a forma de uma escultura abstrata em *Tea Room*, uma reinterpretação de *Tea n.º 2*, instalação surrealista montada por Mollino em 1935.[10]

Mesmo assim, a distinção entre os dois campos ainda importa. Alguns profissionais têm razões estratégicas para se vincular a um ou a outro, a exemplo de Gates, cuja decisão de identificar-se como artista lhe possibilita vender obras por intermédio de galerias comerciais e, com isso, obter recursos para custear seu programa habitacional comunitário em Chicago. Mas também há argumentos generalizantes que sustentam a distinção.

Um deles pondera que examinar o impacto do design na sociedade é um exercício valioso, assim como seria no caso de qualquer força que afeta todas as áreas de nossas vidas — especialmente no caso de uma que é tão suscetível a confusões, concepções errôneas e estereótipos quanto o design. Os designers têm uma perspectiva própria para contribuir com esse processo, assim como os artistas, e ambos os enfoques são úteis a seu modo.

Além disso, se acreditarmos que o design vai além de uma ferramenta estilística e tem potencial para contribuir de forma proveitosa com a sociedade ao ajudar, digamos, a conter as crises climática e dos refugiados ou a desenvolver formas de produção de alimentos mais sustentáveis, segue-se então que precisaremos de designers do mais alto calibre possível. Quanto mais eclética, dinâmica e instigante se apresente a prática do design, mais provável será atraí-los: por esse motivo, não só é equivocado como contraproducente descrever o design como subserviente à arte.

Notas

1 Jenny Uglow, *The Lunar Men: The Friends who Made the Future 1730–1810*. London: Faber & Faber, 2002, pp. 49-52.
2 Alison Kelly (org.), *The Story of Wedgwood* [1962]. London: Faber & Faber, 1975, p. 34.
3 Alice Rawsthorn, "Richard Hamilton and Design", in Mark Godfrey (org.), *Richard Hamilton*. London: Tate Publishing, 2014, pp. 125-34.
4 Penny Sparke (org.), *Reyner Banham, Design by Choice*. London: Academy Editions, 1981.
5 Roland Barthes, *Mitologias* [1957], trad. Rita Buongermino, Pedro de Souza e Rejane Janowitzer. Rio de Janeiro: Difel, 2009.
6 Jean Baudrillard, *O sistema dos objetos* [1968], trad. Zulmira Ribeiro Tavares. São Paulo: Perspectiva, 2019.
7 Raymond Williams, *Palavras-chave* [1976], trad. Sandra G. Vasconcelos. São Paulo: Boitempo, 2007.

8 O projeto *Ore Streams* [Fluxos de minério] do Formafantasma foi exposto na Trienal da NGV de Melbourne entre 15 set. 2017 e 15 abr. 2018. *Cambio* foi apresentado na Serpentine de Londres entre 29 set. e 4 nov. 2020.
9 A exposição *A Clay Sermon* de Theaster Gates foi apresentada na Whitechapel Gallery de Londres entre 29 set. 2021 e 9 jan. 2022. O Serpentine Pavilion de 2022 foi inaugurado em Kensington Gardens no verão [do Hemisfério Norte] de 2022.
10 Chris Dercon, Wilfried Kuehn, Armin Linke (org.), *Carlo Mollino: Maniera Moderna*. Köln: Verlag Walther König, 2011, pp. 289-91.

O ressurgimento do interesse em trabalhos manuais e de construção tem suscitado a abertura de espaços *makers* [ou de fazedores], onde designers, artistas, fazedores e entusiastas frequentam cursos de técnicas de projeto e construção, bem como utilizam ferramentas, maquinário e outros recursos ali disponibilizados. O Blackhorse Workshop, em Walthamstow, no nordeste de Londres, é um dos muitos espaços *makers* inaugurados em anos recentes.

3.
A retomada
do artesanato

Diversidade e inclusão são a nossa única esperança. Não é possível recobrir tudo com elegância limpa. Também é preciso que haja arquitetura suja, teoria confusa e design desordenado.

— SHEILA LEVRANT DE BRETTEVILLE apud ELLEN LUPTON, "Reputations: Sheila Levrant de Bretteville". *Eye*, 1993.

Apesar de terem tomado avidamente mais de 1 milhão de refrescos e devorado quase a mesma quantidade de pães doces, a maioria dos 6 milhões de pessoas que afluíram ao Crystal Palace do Hyde Park de Londres para percorrer a Grande Exposição dos Trabalhos da Indústria de Todas as Nações [Great Exhibition of the Works of Industry of all Nations] no verão de 1851 foi atrás das atrações premiadas, tais como o maior diamante do mundo, as tapeçarias Gobelins, uma demonstração do processo de fabricação de algodão e os primeiros banheiros públicos. A escritora Charlotte Brontë ficou tão impressionada que numa carta ao seu pai descreveu o evento "como uma imensa Feira das Vaidades, [...] belíssima, maravilhosa, animada, desnorteante".[1]

Houve um jovem londrino que assumiu um ponto de vista mais impassível. Quando a mãe de William Morris o levou, com seus irmãos e irmãs, à Grande Exposição como um agrado, o restante da família entrou alegremente, mas ele se recusou a acompanhá-los. Certo de que iria detestar o Crystal Palace e suas atrações, o medievalista adolescente e futuro líder do movimento Arts and Crafts insistiu em permanecer do lado de fora, sentado com ar taciturno numa cadeira esperando a família acabar o passeio.[2]

Morris depois descobriu maneiras mais eloquentes de exprimir seu desdém pelo que considerava a desumanidade e a baixa qualidade da industrialização, em especial com a rústica "mobília de protesto" que, em meados dos anos 1850, ele projetou para os aposentos que dividia com o artista Edward Burne-Jones. Contudo, sua birra adolescente com a devassidão consumista da Grande Exposição sintetizou a relação que se estabeleceria entre design e artesanato ao longo de muitas décadas. Morris não era o

3. A retomada do artesanato 53

único integrante da comunidade de artesãos a considerar que o design fosse fatalmente enviesado por sua dependência do comércio e da mecanização. Do outro lado, também não faltavam designers que julgavam com igual furor que seus críticos da "máfia dos artesãos" [*raffia mafia*] fossem uns sentimentaloides anacrônicos.

Em tempos mais recentes as hostilidades cessaram, ao menos num dos lados, já que os designers passaram a apreciar o artesanato como algo mais sutil, dinâmico e diversificado do que julgavam que ele fosse. Alguns têm feito uso estratégico do simbolismo artesanal, como a designer de produtos holandesa Hella Jongerius ao dar a objetos fabricados em série a aparência — ou ilusão — das peculiaridades que tradicionalmente associávamos ao artesanato. Outros, a exemplo de Christien Meindertsma, compatriota de Jongerius, e dos designers do Formafantasma, vêm explorando as propriedades expressivas do processo artesanal e sua relevância na abordagem de questões sociais, políticas e ecológicas. Esse interesse crescente representaria uma mudança significativa na forma como os designers enxergam o artesanato e sua importância cultural? E seria seguido por uma transição igualmente radical nos círculos artesanais?

É difícil superestimar o quanto foi nocivo o embate entre design e artesanato. Até a Revolução Industrial, no final do século XVIII, os objetos eram em sua maioria feitos à mão, com frequência por ferreiros ou marceneiros locais. As habilidades desses artesãos eram bastante admiradas, e nos anos iniciais da industrialização conferiu-se à manufatura um apreço similar. O livro *The Arts of Industry in the Age of Enlightenment* [As artes da indústria na Era do Iluminismo], de Celina Fox, relata como os fabricantes disputavam os prêmios de maquinaria mais impressionante em exposições públicas apinhadas.[3] Mas no século XIX a indústria se viu aviltada por sua ligação com exploração do trabalho, produtos malfeitos, miséria urbana e degradação das zonas rurais. Morris, John Ruskin e outros participantes do movimento Arts and Crafts alimentavam esses estereótipos em seus textos e palestras, onde advogavam a retomada dos valores supostamente mais dignos e mais puros da prática artesanal. Nenhum dos dois clichês era de todo verdadeiro. Alguns objetos artesanais eram tão ordinários quanto os produtos fabris mais vulgares, enquanto os artefatos industriais mais refinados atendiam aos mais altos padrões do ofício artesanal.

Mesmo assim, a campanha do Arts and Crafts foi tão convincente que o seu dogma perdurou até o início do século XX, mostrando-se particularmente virulento na Grã-Bretanha, no Japão, na Escandinávia e nos Estados Unidos. Àquela altura, o construtivismo vinha ganhando força no Leste Europeu, instigado por uma concepção bem diversa sobre design e tecnologia. Antes da chegada de László Moholy-Nagy à Bauhaus em 1923, a escola havia aderido a um manifesto que começava assim: "Arquitetos, escultores, pintores, vamos todos abraçar o artesanato!". Moholy-Nagy logo converteu seus colegas ao construtivismo, e o diretor da Bauhaus, Walter Gropius, cunhou um novo slogan: "Arte e tecnologia: uma nova unidade". A reinvenção da Bauhaus marcou uma virada no destino cultural do artesanato e do design, iniciando um processo que alterou com firmeza o equilíbrio do poder a favor deste último.

Em meados dos anos 1950, quando Roland Barthes descreveu "um objeto superlativo" num ensaio publicado em seu livro *Mitologias*, estava se referindo não a um dos esmerados artefatos artesanais adorados por Morris e Ruskin, mas a um novo Citröen do modelo DS 19.[4] Uma década depois, quando num texto para uma exposição Richard Hamilton exaltou os objetos que "passaram a ocupar no meu coração e na minha consciência o lugar que o monte de Santa Vitória ocupou nos de Cézanne", ele estava se referindo aos produtos eletrônicos da Braun.[5]

O artesanato ainda tinha seus defensores, em especial na Escandinávia e no Japão, onde até mesmo os designers modernistas expressavam nos recursos formais de suas obras forte afeição ao legado artesanal e às belezas naturais de seus países. O mobiliário projetado pelos arquitetos finlandeses Alvar Aalto e Aino Maria Marsio-Aalto nos anos 1930 vem sendo fabricado com madeira de bétulas provenientes da mesma floresta desde então. Tapio Wirkkala, compatriota dos dois, concebeu maravilhosos artigos de vidro para serem produzidos na fábrica de vidro Iittala de Helsinque, em formatos que evocavam as águas espiraladas dos fiordes da Finlândia e os pingentes de gelo do inverno da região. Já a relação entre design industrial e artesanato no Japão foi menos explícita e se refletiu nos seguintes valores compartilhados: simplicidade, eficácia, sutileza e durabilidade. Esses foram os atributos que Sōetsu Yanagi, um jovem historiador da arte, apreciou nos exemplos de artesania rural que encontrou ao viajar pelo interior do Japão em meados dos anos 1920. Yanagi ficou tão entusiasmado que fundou o movimento Mingei, reunindo artistas, artesãos e intelectuais com ideias afins.[6] Seu filho, Sori, valorizou os mesmos atributos, mas os aplicou no contexto industrial do Japão do pós-guerra. Como designer de centenas de produtos fabricados em série, desde veículos até panelas e frascos de molho de soja, Sori Yanagi comprovou que os valores do Mingei eram vigorosos o bastante para serem interpretados por diversas tecnologias de produção.

Os políticos e designers responsáveis pelos esforços mais conscientes para modernizar culturas de design nacionais tomaram conhecimento dessas abordagens. Quando a designer de móveis cubana Clara Porset foi convidada a curar a exposição *El arte em la vida diaria: Exposición de objetos de buen diseño hechos em Mexico* [Arte na vida cotidiana: objetos bem projetados feitos no México], realizada no Palacio de Bellas Artes da Cidade do México em 1952 como uma manifestação em prol do futuro do design mexicano, ela combinou produtos de fábrica com objetos feitos à mão encontrados em excursões de pesquisa em áreas rurais.[7] Porset estava convencida de que a modernização do design mexicano deveria se basear no rico legado artesanal do país, o qual, segundo ela, não subsistiria caso permanecesse isolado da modernidade. Os designers industriais estadunidenses Charles e Ray Eames chegaram a uma conclusão similar ao serem incumbidos pelo governo indiano de estudar o design do país em 1958. O relatório deles concluiu que o design industrial indiano deveria aspirar a oferecer o mesmo "serviço, dignidade e amor extraordinários" que o *lota*, um jarro d'água tradicional usado cotidianamente em muitos lares indianos, que os Eames julgaram ser "talvez o melhor e mais bonito" de todos os objetos "que vimos ou admiramos durante a nossa visita à Índia".[8]

Entretanto, Porset e os Eames representavam uma minoria, pois a aceitação cultural do design aumentava e a do artesanato decaía. Além disso, o artesanato amargava misoginia, depois de ser por muito tempo considerado um domínio feminino. Durante décadas as mulheres haviam sido encorajadas a dominar ofícios tidos como "femininos", como cerâmica e tecelagem, mesmo em escolas de arte e design supostamente avançadas. Nos primeiros anos da evangelização artesanal da Bauhaus, tanto Anni Albers como Gunta Stölzl foram coagidas a abandonar seus planos iniciais de ingressar nos cursos de vidraria e arquitetura, respectivamente, e a matricular-se no de tecelagem, ou "curso para mulheres". Hoje elas são lembradas como duas das mais influentes designers têxteis do século XX, porém ambas foram restringidas de diversas maneiras ao serem confinadas a uma área de certo modo obscura e financeiramente precária do design. Tal como ocorreu com tantas outras coisas tidas como femininas, o artesanato foi marginalizado.

Igualmente problemático foi o desprezo das tradições artesanais nas economias em desenvolvimento, mesmo as que tinham um histórico artesanal esplêndido, sob a justificativa de que atravancariam a modernização. Na Índia, apesar dos esforços dos Eames e de outros entusiastas do artesanato, a reputação crítica de designers e artistas cuja obra fosse associada a simbolismos ou técnicas artesanais — como o ceramista Devi Prasad e Mrinalini Mukherjee, que fazia esculturas com cânhamo e outros materiais têxteis — foi prejudicada por essa suposição errônea.

Não é mais o caso. Hoje os designers fazem referências entusiasmadas ao artesanato, e as mostras de graduação em design são repletas de estudos sobre a história do artesanato. A mudança começou em meados dos anos 1990, quando Hella Jongerius, Jurgen Bey e outros jovens designers holandeses que expunham em conjunto como Droog

Design incorporaram simbolismos ou técnicas artesanais aos seus trabalhos. Em geral, faziam isso conferindo aos objetos fabricados em série os mesmos atributos cativantes ou excêntricos do artesanato. Foi o caso de Jongerius ao programar a produção fabril de cerâmicas de modo a acrescentar as imperfeições típicas de vasos ou potes feitos à mão e "assiná-las" com sua impressão digital, como os mestres ceramistas fazem há séculos. Ela conseguiu um efeito similarmente subversivo em projetos de design industrial em larga escala, como as cabines de aeronaves da KLM, com o uso tático de bordado, fios emaranhados, tecidos mal combinados e outros recursos artesanais, e ao desenvolver novas estratégias projetuais de cores e tecidos para a Vitra, fabricante suíça de mobiliário.

Outros designers adotaram uma abordagem conceitual ou antropológica de artesanato. Os projetos de Christien Meindertsma vão da procura por novos usos para materiais artesanais tradicionais no Flax Project até a celebração da proeza de certa mulher ao tricotar mais de quinhentos pulôveres e detectar materiais recicláveis, potencialmente valiosos, que sobreviveram em meio às cinzas residuais de um incinerador. O Formafantasma já explorou vários episódios da história do artesanato italiano, entre os quais o uso de lava do vulcão Etna por artesãos sicilianos para construir objetos e o ritual da panificação em comunidades rurais. Um segmento popular do evento anual Vienna Design Week é o programa Passionsweg, no qual jovens designers desenvolvem novos produtos em colaboração com fabricantes, artesãos e oficinas vienenses de renome. O objetivo de juntar, digamos, o designer suíço Adrien Rovero ao fabricante de couro Thomas Posenanski, ou a designer polonesa Matylda Krzykowski ao fabricante de escovas Norbert Meier e o especialista em chifres Thomas Petz, é apresentar as possibilidades criativas do artesanato vienense a esses designers e ao mesmo tempo divulgar as técnicas e a inventividade dos legados artesanais e industriais da cidade. No Japão, mesmo um designer tão tecnocrático como Naoto Fukasawa concilia a carreira muito bem-sucedida no design industrial com o cargo de diretor do Mingeikan — o Museu do Artesanato Popular do Japão, fundado por Sōetsu Yanagi nos arredores de Tóquio em 1936 para abrigar sua amada coleção de Mingei.

O artesanato desfruta hoje de um resgate semelhante entre artistas, muitos dos quais passaram a trabalhar com cerâmica e outros processos artesanais com regularidade. Por mais decepcionante que tenha sido em vários aspectos, a principal exposição da Bienal de Veneza de 2017, *Viva Arte Viva*, com curadoria de Christine Macel, confirmou de forma vigorosa a importância cada vez maior do artesanato no âmbito das artes visuais. Ali também se viu a reavaliação crítica da obra de artistas cuja ligação com o artesanato era antes considerada com desprezo, a exemplo das esculturas com cânhamo de Mukherjee e das instalações têxteis de Sheila Hicks, uma das quais foi exposta em *Viva Arte Viva*.

O que aconteceu? Por que termos antes menosprezados, como "feito à mão", "artesanal" e "herança", já são frequentes em campanhas publicitárias? Por que vídeos de ceramistas trabalhando em seus tornos passaram a ganhar tantas visualizações no YouTube? Por que novos cursos de artesanato estão sendo criados em escolas de arte e design? Por que as obras de ceramistas renomados, como Grayson Perry e Edmund de Waal, alcançam valores cada vez mais altos? E por que mulheres do mundo inteiro decidiram tricotar gorros de lã cor-de-rosa com orelhas pontudas de gatinho para usar como símbolo de protesto político nas marchas de mulheres?

Uma explicação é que, após décadas admirando o que antes pareciam ser as conquistas heroicas da padronização e da produção em série, vemos seus benefícios como algo garantido e temos dificuldade em ignorar suas desvantagens. Sabemos coisas demais sobre o lado sombrio da globalização para ficarmos alheios a suas consequências. Assim como no final do século XIX os produtos de fábrica traziam à mente de William Morris visões desoladoras da exploração do trabalho infantil, hoje é difícil reparar em algo como, digamos, um smartphone Apple ou Samsung desconsiderando a probabilidade de ter sido fabricado com minerais provenientes de zonas em conflito por empregados mal remunerados de uma empresa terceirizada inescrupulosa, ou sem imaginá-lo num aterro sanitário tóxico, incapaz de se biodegradar. Não à toa, dois dos projetos mais interessantes para o setor público dos anos recentes — o das novas cédulas da Noruega, criado pelos estúdios Snøhetta e The Metric System, e o do novo passaporte norueguês, concebido pelo estúdio Neue — retratam as belezas naturais da paisagem do país e seus ramos de atividade tradicionais, como a agricultura e a pesca, bem como a indústria petrolífera, sua fonte primária de riqueza desde os anos 1980. As delicadas ilustrações das florestas e dos fiordes da Noruega nas folhas do passaporte projetado pelo Neue se transformam sob a luz ultravioleta, representando a aurora polar brilhando no céu noturno. Em seu livro *Craft: An American History* [Artesanato: uma história americana], de 2021, o historiador estadunidense Glenn Adamson argumenta que o interesse crescente do mundo da arte pelo artesanato vem, em parte, do envolvimento de curadores e colecionadores predominantemente brancos com a história cultural afro-americana por meio do lindo trabalho manual de artesãos negros — tais como as mulheres de Gee's Bend, no Alabama, todas descendentes diretas de gerações de escravos, que seguem a tradição local de fazer colchas de *patchwork* com um estilo singular.[9]

Numa época em que passamos tanto tempo devorando informações e imagens digitais em telas, talvez seja inevitável essa atração pela espontaneidade do artesanato. O mesmo interesse intensificou a popularidade de concertos, festivais, debates e outros eventos ao vivo, além das atividades do tipo "faça você mesmo" (*Do It Yourself*), como jardinagem, tricô e culinária. Em seu livro *O artífice*, de 2008, o sociólogo Richard Sennett redefiniu o conceito intelectual de artesanato e o ampliou, a fim de incluir tanto técnicos de laboratório e músicos virtuosos como tecelões e vidreiros. Citando estudos médicos sobre o efeito cerebral do "tato ativo" apurado desenvolvido por pessoas que trabalham com as mãos e alcançam alto nível de habilidade e destreza, Sennett defendeu com eloquência o quanto pode ser prazerosa e fortalecedora a experiência física de fazer coisas manuais.[10] De modo semelhante, enquanto muitas defensoras dos direitos das mulheres se contentam em comprar os gorros cor-de-rosa que usam nas marchas, aquelas que os tricotam para si, ou para amigas, dizem que isso aprofunda seu compromisso emocional com a causa.

O resgate do artesanal também reflete o papel da tecnologia digital na reinvenção das práticas do design e do artesanato. Uma diferença essencial entre eles consistia tradicionalmente no fato de que os artesãos se dedicavam a fazer todo o trabalho ou boa parte dele, ao passo que os designers criavam especificações e instruções sobre como ele deveria ser feito. A explosão do interesse por todas as formas de fazer manual corroeu essa diferenciação, ao instigar cada vez mais designers a assumir funções que antes eram desempenhadas por artesãos — fabricando eles próprios seus trabalhos ou parte deles — e a se dedicar ao conserto de objetos e sistemas existentes, além de desenvolver novos.

De modo essencial, o fazer manual faz parte de um dos segmentos mais dinâmicos do design contemporâneo: o da programação de softwares. O processo de digitar comandos num computador sob a forma de códigos conjuga design e trabalho manual. Também se pode argumentar que os designers de softwares se enquadram na definição de artesãos do movimento Arts and Crafts, de indivíduos dedicados que exercitam suas habilidades manualmente — muito embora utilizem um mouse e um teclado em vez do formão de marceneiro ou do torno de oleiro. Caso se aceite essa lógica, conclui-se que o design de softwares inclui tanto artesanato como fazer manual, e é um exemplo prático convincente das possibilidades de integrar as três atividades, não só nesse segmento como também em outros.

Outro catalisador é a disponibilidade de tecnologias de produção digital cada vez mais sofisticadas, como sistemas de impressão 3D. Graças à rapidez e à precisão delas, os designers podem fabricar ou customizar novos produtos no todo ou em parte, além de corrigir produtos anteriores, com muito mais facilidade e a um custo mais baixo. O interesse amplo em reformar ou consertar é estimulado também por preocupações ambientais e pelo desejo de evitar gastos desnecessários. Vem se formando uma animada coletividade de fazedores e consertadores que abarca todas as formas de produção e valoriza tanto os produtos de fabricantes exímios quanto primorosos bordados costurados à mão ou muros de pedra ensossa (sem argamassa) construídos de maneira impecável. Surgem espaços comunitários os mais diversos, que disponibilizam ferramentas e propiciam aprendizados variados, assim como encontros e feiras que promovem a troca de ideias entre fazedores e expõem seus trabalhos. O designer e curador Daniel Charny, nascido em Israel, montou a Fixperts, uma rede global de designers, fazedores e consertadores que experimentam novas abordagens. Já o modelo da Make Works, uma rede de fábricas, oficinas e fazedores escoceses interessados em colaborar com designers, gerida pelo empreendedor de design Fi Scott com base em Glasgow, vem se expandindo para outras regiões.

Uma parte da nova geração de designers africanos integra desde o princípio a feitura manual e o compartilhamento de técnicas aos seus trabalhos. As escolas, a biblioteca e outras edificações públicas projetadas por Diébédo Francis Kéré em Gando, um povoado na região central de Burquina Faso, onde ele nasceu, foram construídas graças a um mutirão que demandou a aquisição de habilidades pelos participantes — entre as quais a de fazer tijolos — inspiradas em métodos e materiais empregados na região havia séculos. Além de acreditar que o aprendizado ajudaria algumas pessoas a achar um emprego sustentável, Kéré acreditava que, ao participar do processo de construção, elas sentiriam um vínculo mais estreito com as edificações concluídas. O designer têxtil malinês Boubacar Doumbia montou sua oficina em Ségou, Le Ndomo, como um espaço onde, além de fazer experimentos com tecelagem e técnicas de tingimento natural, pode capacitar jovens cuja falta de escolaridade torna difícil arranjar emprego. Doumbia também espera que eles aprendam capacidades básicas, como disciplina, dedicação e senso de responsabilidade, que lhes possam ser úteis qualquer que seja a ocupação que venham a escolher.

Todas essas mudanças reanimaram a prática do design e contribuíram para que se adaptasse aos desafios da cultura pós-industrial. O artesanato também se beneficiou, tanto ao receber uma injeção de novos modos de pensar como ao fazer incursões em novos campos dinâmicos, como o dos softwares. Mesmo assim, é discutível a hipótese de que, no âmbito dos segmentos artesanais consagrados, tenha havido o mesmo grau de experimentação que vimos nos designers e artistas que se aventuraram por eles; talvez ainda não.

Há precedentes animadores. A ceramista britânica Clare Twomey integra elementos de arte, artesanato, design e antropologia em sua pesquisa sobre história do artesanato, além de engajar comunidades na produção de cerâmica. No projeto *Factory*, apresentado no museu Tate Modern de Londres em 2017, ela montou uma olaria industrial onde as pessoas batiam o ponto, tal como fariam numa fábrica tradicional, e aprendiam a trabalhar com argila. Já o trabalho da magnífica ceramista Magdalene Odundo, nascida no Quênia, fundamenta-se em anos de experimentação com antigas técnicas de modelagem, queima e esmaltagem de cerâmica que ela estudou no Quênia e em outros países africanos, com destaque para as técnicas tradicionais gbari de modelar rolos de argila à mão, aprendidas na Nigéria. Desse modo, Odundo produz vasos que são tanto visualmente cativantes como tecnicamente engenhosos, ao mesmo tempo que explora as nuanças da sua identidade cultural: uma mulher nascida na África que passou a maior parte da vida adulta na Grã--Bretanha. É o que ilustra o trio de potes primorosos de Odundo que seu compatriota, o artista Michael Armitage, expôs na área externa da sua própria mostra individual na Sculpture Gallery da Royal Academy of Arts de Londres, em 2021. É bem possível que o futuro do artesanato esteja na capacidade de abraçar a elasticidade da cultura contemporânea fazendo incursões táticas em outros campos, tal como seu velho antagonista, o design, vem fazendo com tanta habilidade.

Notas

1 A descrição da Grande Exposição por Charlotte Brontë foi feita durante uma visita a Londres numa carta ao seu pai, o reverendo Patrick Brontë. Datada de 31 de maio de 1851, a carta continha relatos sobre uma palestra do romancista William Makepeace Thackeray à qual ela assistiu e sobre uma visita à Grande Exposição no Crystal Palace. Charlotte Brontë, *The Letters of Charlotte Brontë: With a Selection of Letters by Family and Friends: Volume Two, 1848-1851*. Oxford: Oxford University Press, 2000.

2 Fiona MacCarthy, *The Last Pre-Raphaelite: Edward Burne-Jones and the Victorian Imagination*. London: Faber & Faber, 2011, p. 33.

3 Celina Fox, *The Arts of Industry in the Age of Enlightenment*. New Haven: Yale University Press, 2009, p. 453.

4 R. Barthes, "O novo Citroën", in *Mitologias*, op. cit., p. 195.

5 Richard Morphet (org.), *Richard Hamilton* (catálogo). London: Tate Gallery Publications, 1992, p. 164.

6 Sōetsu Yanagi, *The Unknown Craftsman: A Japanese Insight into Beauty*. Tokyo: Kodansha International, 1972.

7 Ana Elena Mallet, "Art in Daily Life: An Exhibition of Well-Designed Objects Made in Mexico, 1952", in A. de la Paz e V. Ruano (org.), *Clara Porset's Design: Creating a Modern Mexico*. Ciudad de México: Museo Franz Mayer, 2006, pp. 45-56.

8 John Neuhart, Marilyn Neuhart, Ray Eames, *Eames Design: The Work of the Office of Charles and Ray Eames*. London: Thames & Hudson, 1989, pp. 232-33.

9 Glenn Adamson, *Craft: An American History*. New York: Bloomsbury Publishing, 2021, p. 254.

10 Richard Sennett, *O artífice*, trad. Clóvis Marques. Rio de Janeiro: Record, 2009.

A Grande Muralha Verde é um projeto pan-africano que visa construir 8 mil quilômetros de vegetação ao longo da África, desde o Senegal até Djibouti. Esta imagem de satélite da European Space Agency (ESA) mostra seu progresso no Senegal, em Gâmbia e em Guiné-Bissau.

4. Que planeta é este?

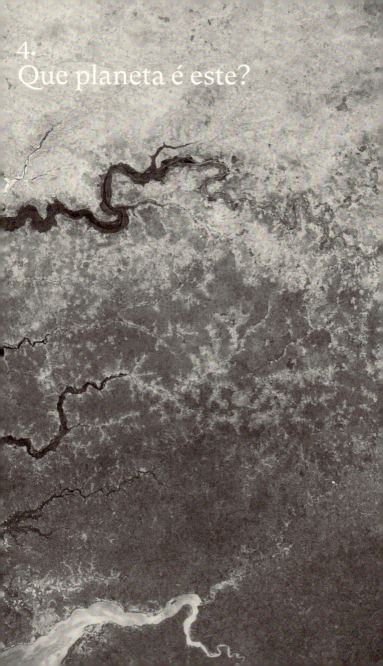

Desejo a união extrema entre natureza e cultura, entre mundo biológico e mundo tecnológico, entre o mundo que se constrói e o mundo que se cultiva. Alcançar essa união requer um bocado de humildade.

Muita gente fala sobre o progresso da humanidade, sobre civilizações construídas no espaço sideral. Só mereceremos Marte se conseguirmos provar que podemos tomar conta deste planeta.

— NERI OXMAN em entrevista a PAOLA ANTONELLI, *Design Emergency IG Live*, 2021.

Aquilo que um dia foi terra agrícola fértil no extremo sul do deserto do Saara agora é um exemplo lamentável da destruição causada pela crise climática. A região do Sahel, uma das mais quentes e áridas do nosso planeta, que se estende desde o Senegal, na costa oeste da África, até Djibouti, a leste, vem sendo devastada pela seca, pela erosão do solo e pela desertificação, causando perda de colheitas, fome, pobreza, conflitos e migração em massa desse lugar cada vez mais desolado.

O padecimento do Sahel foi previsto já nos longínquos anos 1980, quando Thomas Sankara, o presidente socialista revolucionário de Burquina Faso,[1] incentivou os dirigentes de países vizinhos a adotar medidas radicais para deter a desertificação. Sankara já vinha fazendo isso em Burquina Faso, onde promoveu o plantio de mais de 10 milhões de árvores num ambicioso programa de reflorestamento. Mas, como fervoroso pan-africanista, ele achava que uma iniciativa similar deveria ser implementada de forma coletiva, de um lado ao outro do Sahel. Demorou até 2007, vinte anos após o seu assassinato, para que isso ocorresse, quando a União Africana aprovou um plano para construir em onze países da região a Grande Muralha Verde, uma faixa de vegetação de 8 mil quilômetros que vai de Dacar, à margem do oceano Atlântico, até a capital de Djibouti, à margem do Golfo de Áden. Uma vez concluída, ela será a maior estrutura de organismos vivos do mundo, três vezes maior que a Grande Barreira de Corais. Com a Grande Muralha Verde, visa-se recuperar as terras áridas do Sahel graças à absorção de carbono, à recarga dos lençóis freáticos e ao aumento da pluviosidade sob novos microclimas, de maneira a gerar empregos, reforçar a provisão de água e alimentos, conter conflitos e estimular a permanência de pessoas ali.

A Grande Muralha Verde é um empreendimento tão ambicioso que sua execução seria muitíssimo complexa onde quer que se situasse, mas se torna ainda mais difícil numa região com uma política tão volátil e tão fragilizada ecologicamente como o Sahel. O avanço tem sido lento e varia bastante de país para país. Uma das dificuldades está no fato de que os financiamentos iniciais angariados pela União Africana ficaram bem abaixo dos 40 bilhões de dólares necessários para levar o programa a cabo. Outra se deve ao fato de que os trabalhos na muralha têm sido conturbados pelas instabilidades nos países participantes, assolados por crises econômicas, conflitos políticos, guerras, ataques terroristas e graves problemas de saúde pública, dentre eles os relacionados ao Ebola e à covid-19. Contudo, o projeto obteve apoio da Convenção das Nações Unidas para o Combate à Desertificação [United Nations Convention to Combat Desertification — UNCCD] e outros países aderiram, o que elevou o total para mais de vinte. Em 2021, quando menos de um quinto da muralha estava concluído, um grupo de financiadores encabeçado pelo governo francês e pelo Banco Mundial ofereceu 14 bilhões de dólares para acelerar seu avanço.[2] Essa doação se mostraria decisiva ao possibilitar à Grande Muralha Verde cumprir suas metas de longo prazo de gerar 10 milhões de empregos verdes e recuperar 100 milhões de hectares de terra degradada até 2030, fomentando esperança e otimismo numa região há tanto tempo desprovida disso.

Para o bem e para o mal, o caso da Grande Muralha Verde exemplifica o tipo de obstáculos e as oportunidades que o design enfrenta ao lidar com um dos desafios da nossa época: as mudanças climáticas. Em primeiro lugar, o projeto corporifica a determinação crescente de utilizar o design para fazer frente a grandes ameaças globais. Em segundo lugar, ele o faz de forma interseccional, reconhecendo que uma questão de certa ordem é indissociável de várias outras — nesse caso, que não se pode desvincular um programa de recuperação de terras que se propõe enfrentar o problema ambiental da desertificação das tensões sociais, econômicas e políticas de cada país-membro. A Etiópia é um exemplo trágico, pois era um dos países que haviam conseguido os maiores avanços antes de cair numa guerra civil em 2020.[3]

Em terceiro lugar, uma vez que a Grande Muralha Verde evolui constantemente, o design deve ser flexível e ágil ao ajudar a definir os princípios e estratégias norteadores do projeto — e a redefini-los quando necessário. É crucial que ele cumpra essa função como parte de um esforço cooperativo que engloba economistas, agricultores, políticos, ambientalistas e especialistas de outras áreas. Em quarto lugar, o design vem auxiliando a Grande Muralha Verde a capacitar os países participantes a recuperar suas terras como bem queiram, em vez de ditar de que modo deveriam fazê-lo. Essa diretriz lhes possibilita cultivar as espécies nativas mais apropriadas a seu clima e terreno, a exemplo dos baobás, das moringas e das acácias desérticas espinhosas que estão sendo plantadas no Senegal. Cada país também tem liberdade para recuperar técnicas tradicionais de plantio e irrigação praticadas por seus agricultores há séculos, como a antiga prática burquinense de escavação de buracos em forma de meia-lua no solo para reter água de chuva.[4] Por fim, o emprego do design, assim como de todos os recursos da Grande

Muralha Verde, vem sendo conduzido pelos próprios africanos, indo na contramão do extinto modelo colonial que impunha decisões tomadas à distância por gente de outras culturas, que tinha pouco ou nenhum conhecimento das circunstâncias locais.

Reflorestar o Sahel é um dos múltiplos desafios que se apresentam ao design no esforço de refrear a intensidade da crise climática e suas consequências: o aumento das temperaturas, das secas e dos incêndios florestais, a redução dos lagos, a extinção de espécies e o derretimento das geleiras, tudo isso combinado com eventos meteorológicos extremos, que causam destruição sem precedentes, e com a elevação do nível do mar, que põe localidades costeiras em perigo e ameaça submergir ilhas de baixa altitude no Pacífico Sul.[5] Os perigos gerados pelas mudanças climáticas são tão graves e seu impacto é tão universal que todos os âmbitos da vida são afetados por elas. Conter essa ameaça devastadora exigirá uma reconfiguração geral e radical, compreendendo desde o modo como interagimos com florestas, montanhas, oceanos, rios, planícies aluviais, áreas costeiras e demais porções da paisagem natural, e todas as espécies que ali vivem, até a readequação de toda a nossa infraestrutura física, assim como das cadeias produtivas de alimentos, dos sistemas de energia elétrica, das redes de transporte e tudo o mais.

Apesar de alguns desses problemas terem sido identificados há anos, a necessidade de agir assumiu maior urgência, já que os nossos ecossistemas se deterioraram drasticamente nos anos 2020. Já estão em curso meios mais efetivos de reduzir radicalmente as emissões de carbono e metano, além de esforços para extrair acúmulos de carbono colossais da atmosfera e armazená-los de forma segura. Melhorar a eficiência energética de residências, escolas, hospitais, aeroportos, locais de trabalho e outras infraestruturas físicas também é prioridade, assim como continuar aumentando a produção de energia limpa e intensificar sua eficiência, ao mesmo tempo que se efetuam melhorias no projeto de baterias para armazená-las em períodos de baixa demanda, para uso futuro.

Outras questões aparentavam estar mais distantes da crise climática até o momento, como o impacto ambiental da tecnologia. Até agora o foco vinha recaindo nos problemas causados pelo design, pela produção e pelo descarte de dispositivos eletrônicos.[6] O uso de disprósio, neodímio, ítrio e outros metais de terras raras extraídos em áreas remotas da China, Indonésia, Austrália Ocidental e República Democrática do Congo para fabricar telefones e tablets é uma preocupação de longa data. O mesmo vale para o incômodo geopolítico com o controle da China sobre as fontes de muitos desses metais, assim como a exploração do trabalho em algumas minas e o uso habitual de minerais provenientes de zonas em conflito para a fabricação de hardware. Há ainda os perigos ambientais e sociais causados pelos montes de produtos descartados que são despachados da Europa, da América do Norte e do Sudeste Asiático através de milhares de quilômetros para serem despejados em "cemitérios eletrônicos", como Agbogbloshie, em Gana, e os de Carachi, no Paquistão. Todos esses problemas se evidenciaram já faz algum tempo, mas, apesar das promessas frequentes de reformulação por parte das empresas de tecnologia, é lamentável que suas medidas continuem inadequadas.

Outras formas de dano ecológico causadas pela tecnologia são igualmente graves, porém com frequência desconsideradas, tal como Kate Crawford expõe na obra *Atlas of AI*, de 2021.[7] O impacto ambiental da industrialização era incontornável, pois podia ser visto e cheirado na fumaça preta que as chaminés das fábricas expeliam e nas águas de colorido estranho dos rios manchados por corantes químicos. Apesar de softwares não terem nenhuma conexão visível com lixões tóxicos, minas exauridas, florestas em vias de extinção e ar poluído, todas as nossas atividades digitais consomem uma infinidade de energia e provocam emissões de dióxido de carbono elevadas, produzidas pelos enormes centros de processamento de dados em locais isolados ou por centros de mineração de dados que executam tarefas tecnicamente árduas, como validar transações com criptomoedas decifrando enigmas criptográficos. Mesmo um processo aparentemente tão simples quanto enviar um e-mail pode emitir mais dióxido de carbono do que postar uma carta, e alguns sistemas de inteligência artificial são tão intrincados que desenvolvê-los e operá-los requer um consumo insaciável de energia.

As soluções de design para esses e outros dos muitos problemas ecológicos igualmente urgentes variam bastante em escala e grau de complexidade: de planejar estratégias para repatriar as populações ameaçadas das ilhas do Pacífico Sul até orquestrar mudanças comportamentais à primeira vista modestas, como a campanha da pré-adolescente Greta Thunberg para convencer seus pais a apagar as luzes toda vez que saíam de um cômodo (segundo seu pai, Svante, isso "reduziu a conta de luz pela metade").[8] Vamos examinar um segmento que exibe um progresso animador: a nova modalidade dos sistemas de proteção contra inundações.

A lição de um importante projeto da era industrial exemplifica por que os velhos modelos de design para proteção contra inundações deixaram de ser viáveis. A Represa Hoover é um colosso de concreto no Black Canyon do rio Colorado, na divisa entre o Arizona e Nevada. Cinco mil pessoas trabalharam em sua construção entre 1931 e 1936, cem das quais morreram no processo em razão de medidas de segurança inadequadas, segundo consta. A represa foi projetada para barrar o rio Colorado de maneira a impedir inundações de terras a oeste, enquanto ao mesmo tempo fornecia água e energia hidrelétrica aos estados do Arizona, da Califórnia, do Colorado, do Novo México, de Nevada e de Utah, fomentando seu crescimento a partir dos anos 1930. Isso foi possibilitado com o abastecimento de água do lago Mead, que, formado pela oclusão da represa, logo se tornou o maior reservatório dos Estados Unidos.

O projeto foi ecologicamente danoso desde o princípio. Na qualidade de maior estrutura de concreto da época, a represa Hoover consumiu quantidades sem precedentes desse material, cuja produção representa uma das principais causas de emissão de carbono e requer um consumo altíssimo de areia e água industrial. Ao obstruir o rio, ameaçou as espécies de peixes, aves e outras criaturas que ali habitavam havia séculos. Mesmo assim, a represa foi tida de modo geral como um retumbante sucesso. Nos anos recentes, porém, a própria represa Hoover se encontra diante de uma grave ameaça ambiental. Após anos de um processo de aridificação, o nível de água do lago Mead baixou de forma tão drástica que a represa já não consegue cumprir sua função essencial de fornecer água suficiente a uma região cada vez mais sujeita a incêndios, erosão do solo e outros reveses relacionados à seca.[9] Antes aclamada como uma empreitada grandiosa, hoje é um símbolo de destruição ecológica, cuja situação vem desencadeando uma reação em cadeia de problemas relacionados.

Na época em que a represa Hoover foi concluída, todas as críticas ao caos ambiental provocado por ela e à negligência em relação aos operários que a construíram foram abafadas por elogios entusiasmados ao seu alardeado êxito em "domar a natureza" em nome do crescimento econômico. Buckminster Fuller chamou atenção para os danos ecológicos causados pela industrialização já nos anos 1920, mas, como havia poucas informações a respeito, suas considerações foram em grande medida desconsideradas. Um século depois, nenhum designer pode se dar ao luxo de ignorar a necessidade de avaliar a sustentabilidade ambiental e as consequências socioeconômicas de todos os aspectos de seu trabalho, pois não há mais dúvida quanto à fragilidade dos ecossistemas que nos restam. Os designers tampouco podem se iludir em relação aos riscos da pretensão de "domar" a natureza. Ao contrário: muitas das suas intervenções mais eficazes buscam aprender com a natureza e com os modos antigos de fazê-la prosperar, para usar sua potência em nosso proveito.

O trabalho do designer brasileiro Marcelo Rosenbaum é um bom exemplo desse potencial. Ele se concentra em pesquisar maneiras de usar as sabedorias, as habilidades ancestrais e as tradições de diversas localidades do Brasil para desenvolver, em conjunto com as comunidades, formas de viver de maneira mais sustentável, ecológica e socialmente responsável. É o caso também de Fernando Laposse, que reinventa abordagens tradicionais mexicanas para desenvolver materiais para projetos de grande originalidade.

Outro exemplo numa escala bem diferente é o esforço em curso em Bangladesh para conceber modos mais eficazes de controlar as inundações que atingem um quarto do país durante a estação das monções. Uma vez que quatro quintos do território de Bangladesh se situam em planícies aluviais, o país corre o risco de ficar ainda mais sujeito a inundações com a elevação do nível do mar. É uma perspectiva apavorante, já que só em 2020 centenas de pessoas morreram e mais de 1 milhão de moradias foram danificadas por esse motivo. Durante décadas, os esforços de contenção de inundações de Bangladesh se basearam no modelo convencional de "infraestrutura cinza" — construir diques para amurar extensões de terra e assim impedir a invasão das enxurradas. Mas as chuvas das monções hoje são tão intensas que a água fica presa nos diques e encharca o terreno, extrapolando as barragens e agravando, assim, o impacto do problema. A nova solução do país consiste em retomar as estratégias antigas para promover proteção contra inundações: concentrar as edificações nos terrenos mais altos, elevar os terrenos mais baixos antes de construir ali e cultivar em planícies aluviais fartamente hidratadas. O costume tradicional de cavar cisternas perto das moradias para coletar e armazenar a água da chuva das monções para uso nas estações secas também foi retomado. Até o momento, essa estratégia secular de se antecipar às inundações e usá-las de forma produtiva para irrigar terras aráveis está se mostrando bem mais eficaz do que as técnicas anteriores de prevenção contra inundações, que tentavam "domar a natureza".[10]

Até mesmo os Países Baixos, que por longo tempo foram um bastião da prática de construir diques sucessivos cada vez mais elevados, vêm abandonando sua antiga estratégia de proteção contra inundações baseada em projetos de engenharia rigorosa. Agora, privilegiam-se táticas similares para gerar "infraestrutura verde", de modo que os rios possam correr livremente por áreas mais extensas. Ao restaurar planícies aluviais naturais onde as inundações são menos daninhas junto a quatro grandes rios — Issel, Mosa, Reno e Waal — e concentrar as contenções nos terrenos mais vulneráveis, o programa Rijkswaterstaat, ou Área para o Rio, protegeu milhões de pessoas dos danos de inundações desde a sua conclusão, em 2018. Assim como vários de seus vizinhos, os Países Baixos também vêm reavivando outro método histórico de controle natural de inundações: os castores, espécie que foi caçada até sua extinção há centenas de anos em boa parte da Europa. Além de revigorar a biodiversidade, os castores são conhecidos pela eficiência em planejar e montar barragens para proteger seus hábitats de inundações usando seus dentes afiados, sua diligência e sua engenhosidade inata — qualidades que já estão se mostrando úteis nas vias fluviais holandesas.

Por mais inspiradoras que sejam essas novas soluções, o design enfrenta desafios gigantescos no esforço de combater a catástrofe climática crescente. Contudo, há sinais positivos, em especial a determinação cada vez maior entre designers, população em geral e alguns políticos de proteger os ecossistemas ameaçados e encontrar novas maneiras de viver de modo mais saudável, seguro e sustentável. Também é bom sinal o fato de que designers e seus colaboradores e financiadores entendam hoje que a extrema complexidade das questões em torno de empreitadas ecológicas épicas, como a Grande Muralha Verde, exige soluções antecipatórias e interseccionais, que podem se beneficiar das lições aprendidas tanto com o passado e com a natureza quanto de avanços ainda inimagináveis nas áreas de ciência, tecnologia e engenharia. Caso contrário, continuaremos presos num ciclo vicioso cada vez mais nocivo, em que o aquecimento global intensificará as tensões causadas pela escassez de água, alimentos e outros recursos, agravando adversidades, conflitos, migrações e opressão política, além dos danos ecológicos.

Notas

1 Thomas Sankara (1949-87) foi um oficial do Exército que se tornou presidente da [república] anteriormente denominada Alto Volta, a qual em 1984 ele renomeou Burquina Faso — que significa "terra dos homens íntegros" — depois de liderar um golpe bem-sucedido. Ele implementou políticas progressistas para melhorar o acesso ao ensino, aos serviços de saúde e à água em todo o país, além de ter construído novas estradas e ferrovias, até seu assassinato em 1987.
2 United Nations Convention to Combat Desertification (UNCCD), "Great Green Wall receives over $14 billion to regreen the Sahel — France, World Bank listed among donors", 11 jan. 2021.
3 Até o início de 2020, 1 milhão de hectares de terras haviam sido recuperados na Etiópia e cerca de 220 mil empregos gerados com o programa Grande Muralha Verde, de acordo com a UNCCD, cf. unccd.int/actions/great-green-wall-initiative.
4 Entrevista da autora com Alex Asen, 4 fev. 2021, Design Emergency on Instagram.
5 "Pacific countries face more complex problems than sinking". *The Economist*, 7 ago. 2021.
6 World Health Organization, *Children and digital dumpsites: e-waste exposure and child health*, 15 jun. 2021.
7 Kate Crawford, *Atlas of AI*. New Haven: Yale University Press, 2021.
8 Simon Hattenstone, "The Transformation of Greta Thunberg". *The Guardian*, 25 set. 2021.
9 Oliver Milman, "Severe drought threatens Hoover Dam reservoir and water for US west. Climate crisis in the American west". *The Guardian*, 13 jul. 2021.
10 Aysha Imtiaz, "The nation learning to embrace flooding". *BBC Futura*, 1 dez. 2020.

Irma Boom projetou o livro *Sheila Hicks: Weaving as Metaphor* [Tecelagem como metáfora] (2006) de modo que suas texturas, inclusive na capa e nas extremidades das páginas, evocassem a tatilidade dos tecidos de Hicks.

5.
O declínio dos objetos

A essência de um objeto tem alguma relação com o que dele resta: não obrigatoriamente o que dele resta depois de muito usado, mas o que é jogado porque não se quer mais usar.

— ROLAND BARTHES, "Cy Tombly ou Non Multa Sed Multum", in *O óbvio e o obtuso*, 1976.

O público riu cheio de expectativa quando Steve Jobs apontou para o bolsinho retangular pregado no interior do bolso direito da calça jeans e indagou: "Vocês já se perguntaram pra que serve este bolso?". O cofundador e CEO da Apple estava discursando num evento de lançamento de novos produtos da empresa, realizado em San Francisco em 7 de setembro de 2005, e já tinha causado alvoroço ao prometer revelar algo "bem arrojado". A câmera deu zoom no bolso minúsculo, para que o público pudesse ver o que ele estava prestes a retirar dali. "É de tirar o fôlego", prometeu Jobs. "Vocês só vão acreditar quando o tiverem nas mãos. [...] É um dos produtos mais impressionantes que a Apple já criou."[1]

Jobs já tinha exagerado antes ao expor novos produtos da Apple e repetiria a dose no futuro, mas declarou estar particularmente orgulhoso daquele item, o *music player* portátil iPod Nano. Entretanto, menos de doze anos depois, em 27 de julho de 2017, a empresa anunciou a descontinuação tanto do iPod Nano — que antes era algo "de tirar o fôlego" — como de outro ex-campeão de vendas, o iPod Shuffle. A queda nas vendas de ambos foi tão implacável que a empresa já não podia sustentar sua fabricação.

Objetos entram e saem da vida cotidiana ao longo dos anos, depois de serem superados por coisas que são — ou pareçam ser — superiores em tamanho, potência, rapidez, durabilidade, sustentabilidade ou seja lá o que aparente ser mais desejável no processo de seleção natural darwiniano dos objetos. Contudo, em poucas épocas vimos tantas coisas novas aparecer e tantas coisas velhas desaparecer num ritmo tão frenético como nesta. Por mais importante que seja refletir sobre o que inovações como informações em código aberto e criptografia quântica vão significar para nós no futuro, também vale a pena questionar quais objetos antes onipresentes, que por tanto tempo caracterizaram nosso ambiente, provavelmente vão sumir, e por quê.

A última vez que os componentes da vida cotidiana mudaram em escala similar foi na virada do século xx, quando a chegada da eletricidade a milhões de residências gerou o desenvolvimento de dispositivos elétricos, mais limpos e mais eficientes, que eliminaram a necessidade de coisas antiquadas como lampiões a gás. A eletrificação parecia tão empolgante naquela época que os artistas parisienses Robert e Sonia Delaunay combinavam de encontrar os amigos em locais onde a recém-instalada iluminação elétrica das vias públicas estivesse para ser acesa e soltavam vivas assim que as lâmpadas se acendiam.

O catalisador da transição de hoje é o transístor, o dispositivo minúsculo que conduz e amplifica a energia nos computadores e em outros dispositivos eletrônicos. Os cientistas se saíram tão bem no esforço de gerar transístores cada vez menores e mais potentes desde a sua invenção, no final dos anos 1940, que um único microchip já consegue compactar milhões de transístores, ao passo que antes só seria capaz de conter três ou quatro. Assim, telefones e computadores se tornaram cada vez menores, mais leves e mais rápidos, podendo desempenhar as funções de centenas de outros objetos: desde livros, jornais, revistas, agendas e mapas impressos até cabines telefônicas, câmeras, calculadoras, relógios, aparelhos de som, televisores e muitas outras coisas que (dependendo do ponto de vista de cada um) já são dispensáveis — ou logo poderão ser, a exemplo dos iPods.

Qualquer objeto cuja função possa ser executada de modo mais eficaz por um aplicativo digital já sofre ameaça de extinção. Vejam o exemplo das chaves. Por mais que fossem feitas com primor ao longo dos séculos, e apesar do seu rico simbolismo — afinal de contas, a palavra "chave" também designa algo essencial –, como um pedacinho de metal denteado pode competir contra um app de trava inteligente que tranca e destranca as portas de casa mesmo quando não estamos lá? Não pode. Além disso, o app é mais seguro. Qualquer um pode entrar num imóvel ou dar partida num carro caso encontre a chave, mas isso não aconteceria com o app, que é protegido por um código de segurança e que, claro, pode ser deletado caso seja hackeado. Assim como tantas outras possíveis vítimas do extermínio digital seletivo, as chaves são o que se poderia denominar "objetos promissórios". A exemplo do dinheiro vivo e dos selos postais, sua importância não está neles mesmos, mas no que prometem proporcionar — e isso os torna supérfluos e descartáveis, tão logo surja algo diferente que nos possibilite usufruir daquilo com mais eficiência.

Contudo, mesmo coisas tão eficientes quanto seus equivalentes digitais também são vulneráveis. A calculadora de bolso é um exemplo. Por mais estranho que pareça hoje, as calculadoras de bolso se mostraram deslumbrantemente tecnológicas quando foram lançadas nos anos 1970, dotadas de um quê do magnetismo do então misterioso mundo da computação. Foram tão irresistíveis a certo diplomata soviético que, numa visita oficial ao Ocidente em plena Guerra Fria, ele comprou uma calculadora Sinclair Executive em segredo, só que ela explodiu no bolso da camisa dele. Os colegas suspeitaram de jogo sujo dos agentes ocidentais, mas a culpa foi das baterias superaquecidas da calculadora.[2] Quase dez anos depois, a banda alemã Kraftwerk dedicou uma faixa à calculadora de bolso no álbum *Computer World*, de 1981, cuja letra dizia: "I am adding and subtracting. I'm controlling and composing. By pressing down a special key, it plays a little melody" [Estou somando e subtraindo./ Estou comandando e compondo. [...] Ao apertar certa tecla/ Ela toca uma musiquinha].[3] Um aplicativo para fazer cálculos num smartphone não é mais rápido nem mais preciso do que uma calculadora tradicional, mas, como o celular pode fazer inúmeras outras coisas, supera a geringonça predileta da banda experimental alemã nos quesitos conveniência e responsabilidade ambiental. Por que gastar recursos escassos fabricando uma engenhoca que deixou de ser necessária para o desempenho de sua função original? E por que se dar ao trabalho de carregar uma delas por aí se ela não tem mais nada a oferecer?

Nem todos os objetos em perigo são tão antigos quanto as chaves ou as calculadoras de bolso, tal como a Apple constatou quando precisou aposentar os antes deslumbrantes iPods. Pelo menos o Nano e o Shuffle tiveram seus momentos de glória, ao contrário de outros produtos cultuados que fracassaram com rapidez ainda maior. A Apple sofreu uma enxurrada de críticas quando não incluiu o acompanhamento da menstruação no seu primeiro monitor de saúde [*health tracker*], provavelmente porque sua cultura de design era tão misógina que ninguém reparou nessa omissão.[4] O hiper propagandeado Google Glass se mostrou tão decepcionante que saiu de linha após menos de dois anos de fabricação. Hoje ele parece tão redundante quanto os assistentes pessoais digitais PalmPilot, bastante populares em seu auge durante os anos 1990.

Outros objetos ameaçados podem evitar o mesmo destino? Somente se houver motivos especiais para protegê-los. Vejam o caso das câmeras fotográficas. A maioria está condenada, especialmente aquelas cujas fotos tenham qualidade similar ou inferior à dos instantâneos telefônicos. Só que há gente que é mais ambiciosa no que se refere à fotografia e está disposta a investir em equipamento sofisticado o bastante para justificar a produção contínua de câmeras de alta qualidade e a estimular os fabricantes a seguir investindo em pesquisa e desenvolvimento. Dessa maneira, enquanto as câmeras de alta qualidade mantiveram a vantagem funcional sobre os apps, é difícil imaginar que isso também vá ocorrer com as calculadoras de bolso, os jornais impressos e mesmo as chaves.

Outra possibilidade é a de que um produto seja tão sedutor na apresentação ou no deleite que proporciona, bem como nas associações que suscita, que continue irresistível em sua forma tradicional. Belos livros, editados com papel de textura requintada e capas e tipografia de visualidade cativante, enquadram-se nessa categoria. Pode ser que tenham perdido a luta pela "sobrevivência dos mais aptos" contra os livros digitais — que são indiscutivelmente superiores no que diz respeito a conveniência, escolha, conectividade e impacto ambiental –, mas ainda podem vencer outro embate darwiniano: aquele exposto no livro *A origem do homem* [*The Descent of Man*], de 1871. Nela, Darwin discute por que alguns animais apresentam atributos físicos que não têm nenhum propósito prático identificável e parecem ser apenas estéticos, o que aparentemente contraria sua teoria da seleção natural anterior. De acordo com ele, porém, tais características têm, sim, funções atribuídas, e a mais comum é a de despertar o desejo sexual de prováveis parceiros e assim persuadi-los a procriar e propagar a espécie — tal como a magnífica cauda dos pavões e a plumagem de cores exuberantes dos faisões machos.

Uma proposição similar se aplicaria a objetos em princípio obsoletos: caso sejam desejáveis o bastante, talvez sobrevivam, ainda que não para sempre. Por mais consciência que tenhamos das deficiências funcionais dos livros impressos, sentimos afeto por eles — assim como pelos relógios –, alimentado pelas lembranças de termos crescido em meio àqueles objetos. Mas os adolescentes, por exemplo, os percebem de maneira bem diferente, sem nostalgia, motivo pelo qual com o passar do tempo cada vez menos gente os considerará atraentes.

Há ainda o risco de que sobreviver na forma fetichizada de artefatos fabricados com primor em edições limitadas e caras, como foi o caso dos discos de vinil, acabe sendo uma vitória de Pirro. Por mais cativantes que esses produtos elitistas possam ser, como poderiam resgatar a mesma imediatez cultural que foi tão importante para seus predecessores? É impossível imaginar uma capa de álbum de vinil contemporânea capaz de expressar com tanto talento o espírito de toda uma geração de mulheres, como o retrato de uma glacialmente andrógina Patti Smith feito por [Robert] Mapplethorpe em *Horses*, de 1975. Também é igualmente impossível pensar que a sobrecapa da edição especial de um livro possa representar as esperanças e os temores de um segmento da sociedade de forma tão eloquente quanto as edições da Penguin britânica na época em que o designer gráfico alemão Jan Tschichold era chefe de design, no final dos anos 1940, e escarafunchava prensas de tipos exagerando seu sotaque estrangeiro para fingir que não entendia o que os impressores diziam ao resmungar a respeito dele. O único jeito infalível de fazer com que um objeto em perigo perdure é ter sido concebido de maneira tão engenhosa que ofereça algo que seus competidores digitais não consigam igualar.

Um exemplo seria um livro tradicional, cujas propriedades físicas intensificam não só o vínculo emocional do leitor com o livro enquanto objeto, como também sua compreensão do conteúdo. O designer holandês Joost Grootens reinventou o atlas impresso, criando novos modos de organizar e representar informações sob a forma de mapas, tabelas, gráficos e outros recursos de visualização que são mais palatáveis quando impressos do que na forma de pixels.[5] Além de apresentar novas perspectivas sobre a geografia e a geologia, seus atlas desconstroem conflitos políticos complexos, incluindo, por exemplo, uma análise meticulosa de mais de um século de disputas territoriais entre Israel e Palestina.[6] Numa época em que tanta gente tem abandonado os atlas impressos para contar com a navegação por satélite e o mapeamento digital, Grootens demonstra como eles ainda podem ser úteis — assim como o fez com outra modalidade editorial aparentemente antiquada: o dicionário impresso. Em 2015, foi publicada uma nova edição do maior e mais antigo dicionário da língua holandesa, o *Dikke Van Dale*, depois que Grootens revisou de forma radical o seu antigo projeto de design. Ele tornou suas 5 mil e tantas páginas mais elucidativas e mais fáceis de consultar, adicionando codificação por cores, símbolos visuais e ilustrações que, com delicadeza, instigam os leitores a notar referências úteis e associações que passariam despercebidas num dicionário eletrônico.

A designer Irma Boom, também holandesa, dedica-se a um objetivo similar ao fazer uso das propriedades táteis de papéis incomuns e empregar meios heterodoxos de refilar as extremidades das páginas, de modo a nos guiar com habilidade pelos seus livros — ou a nos atormentar. Ela utilizou as duas estratégias com desenvoltura em *Weaving as Metaphor* [Tecelagem como metáfora], livro sobre a obra da artista e designer têxtil estadunidense Sheila Hicks publicado em 2006. Boom recobriu o livro em um papel branco rústico que envelhece com o manuseio e adquire uma pátina que lembra ao leitor o prazer de lê-lo e relê-lo ao longo dos anos. Ela também especificou que as extremidades das páginas fossem aparadas de modo que se fizessem apresentar e sentir tão esfiapadas e despenteadas quanto as ourelas dos tecidos de Hicks.[7] Boom qualificou esse seu projeto como "[uma] espécie de manifesto em prol dos LIVROS. Ele defende os livros impressos em contraposição à internet e comprova que o objeto livro jamais poderá ser substituído".[8] Igualmente cativante é a série de livros em miniatura que ela publica sobre seus projetos. Eles se baseiam nos pequenos protótipos que Boom produz como parte de seu processo criativo; "são como filtros para as minhas ideias, para que eu consiga ver a estrutura com nitidez" afirma. O primeiro minilivro contempla os livros que Boom projetou de 1986 a 2010 e tem 5 cm de comprimento, 4 cm de largura e 2,5 cm de profundidade, contendo 704 páginas.[9] O segundo, que abrange mais três anos de produção, e é meio centímetro maior em cada dimensão, contém 800 páginas.[10] O terceiro vai de 2013 a 2021 e novamente é maior: contém mil páginas.[11] Além de questionar a tendência de confundir o tamanho de um livro com sua relevância, Boom instiga os leitores a observar de perto as diminutas páginas, sutilmente garantindo uma apreciação mais atenta.

Mas os livros projetados por Boom e Grootens são raras exceções. A menos que outros objetos em perigo possam gerar motivos igualmente convincentes para justificar sua continuidade, parecem condenados à derrota, no equivalente em design da luta pela sobrevivência exposta por Charles Darwin em *A origem do homem* — o declínio dos objetos.

Notas

1 "Apple Music Special Event 2005 — The iPod Nano Introduction", disponível em youtu.be/7GRv-kv5XEg.

2 Nathan Ingraham, "An Ode to the Pocket Calculator, One of the First Mobile Computing Devices". *The Verge*, 8 mar. 2012.

3 A música "Pocket Calculator" do Kraftwerk, composta por Karl Bartos, Ralf Hütter e Emil Schult e gravada em sete línguas, foi lançada em *single* em 1981. Figurou no álbum da banda *Computer World*, de 1981.

4 Caroline Criado Perez, *Invisible Women: Exposing Data Bias in a World Designed for Men*. London: Chatto & Windus, 2019, p. 176.

5 Joost Grootens, *I Swear I Use No Art at All: 10 Years, 100 Books, 18,788 Pages of Book Design*. Rotterdan: 010 Publishers, 2010.

6 Malkit Shoshan, *Atlas of the Conflict: Israel–Palestine*. Amsterdam: 010 Publishers, 2013.

7 Nina Stritzler-Levine (org.), *Sheila Hicks: Weaving as Metaphor*. New Haven: Yale University Press, 2006.

8 Irma Boom (org.), *Irma Boom: The Architecture of the Book, Books in Reverse Chronological Order 2013–1996*. Eindhoven: Lecturis, 2013, p. 161.

9 Id., *Irma Boom: Biography in Books, Books in Reverse Chronological Order 2010–1986*. Amsterdan: University of Amsterdam Press, 2010.

10 Id., *Irma Boom: The Architecture of the Book*, op. cit.

11 Id., *Irma Boom: Book Manifest*. Köln: Walther & Franz König, 2022.

Originalmente projetado por Norm Cox para um computador da Xerox de 1981, o ícone do hambúrguer foi revivido por Loren Brichter em 2008 com a intenção de liberar espaço de tela ao simbolizar o menu em websites.

6.
De volta para o futuro

Tudo deve vir de algum lugar e ir para algum lugar. O mais importante é a obviedade. O problema é design em excesso.

— LOREN BRICHTER apud JESSICA E. LESSIN, "High Priest of App Design, at Home in Philly". *The Wall Street Journal*, 2013.

Caso você entre em algum dos websites mais relevantes e acessados, como o do *New York Times* ou o do *Guardian*, notará três linhas horizontais de mesmo comprimento formando um quadradinho no topo da tela. Trata-se do "ícone hambúrguer", muito embora seja um tanto forçado visualizar a linha de cima e a de baixo como as duas metades de um pão redondo e a do meio como a carne, o queijo ou qualquer outra coisa. Com nome curioso ou não, aquelas três linhas têm aparecido cada vez mais e indicam o acesso a um menu que se abre no lado da tela com as opções de conteúdo.

Assim como todos os símbolos operacionais dispostos nas telas dos laptops, dos tablets, dos celulares e de outros dispositivos eletrônicos, o hambúrguer assumiu sua atual função porque algo precisava fazê-lo. No seu caso, quando os smartphones se tornaram potentes o bastante para servirem de navegadores da internet, os designers precisaram encontrar meios de compactar os dados das páginas para facilitar sua leitura em telas menores. Substituir menus extensos por menus ocultos que vêm à tona quando se clica num ícone foi uma solução astuta. O "painel de navegação lateral", como é adequadamente conhecido, foi concebido em 2008 pelo designer de softwares estadunidense Loren Brichter. Ele decidiu representá-lo revivendo o hambúrguer, que antes pertencia a uma interface digital de usuários pioneira dos anos 1980.[1]

Decisão inteligente. Esqueça a semelhança superficial com um hambúrguer de verdade: aquelas três linhas se parecem muito mais com abstrações extremas de títulos de capítulos de um livro num sumário. A alusão é pertinente, já que o sumário impresso cumpre quase a mesma função do menu de um website. Além disso, o hambúrguer é visualmente atraente, até porque é digital, o que de modo surpreendente o torna raro em meio à estética tímida, muitas vezes nostálgica, das interfaces de usuários.

Não que o design de interfaces digitais de usuários seja um fiasco: em muitos aspectos é um triunfo. Possibilitar que bilhões de pessoas operem algo tão complexo e difícil como um computador é um desafio de design hercúleo, que se tornou cada vez mais difícil à medida que os dispositivos eletrônicos foram se reduzindo em tamanho e expandindo em capacidade. O aspecto mais importante de uma interface, ou de qualquer outro projeto de design, é cumprir a sua função de forma eficiente, mas a experiência de usá-la também importa. Muitos dos aspectos mais prazerosos de operar dispositivos eletrônicos envolvem toque e movimento, a exemplo do recurso "puxar para atualizar" com que atualizamos as caixas de entrada de e-mails e acompanhamos feeds no Instagram deslizando para baixo uma área superior da tela (o "puxar para atualizar" é outra inovação de Brichter). Só que a dimensão visual das interfaces de usuários tem ficado menos atraente, apesar de os ícones digitais operacionais, como o do hambúrguer e os dos apps de e-mail em touch screens, estarem entre as imagens mais onipresentes da nossa época e entre as nossas ferramentas mais úteis. Por que a estética de algo tão difuso, cujo design é profundamente sofisticado em outros aspectos, com frequência fica bem abaixo do esperado?

Quando os primeiros computadores surgiram, nos anos 1950, eram operados por técnicos especialmente instruídos que digitavam comandos sob a forma de códigos de programação em teclados semelhantes a máquinas de escrever. Aquelas máquinas eram tão grandes e geravam tanto calor e barulho que na sua maioria eram instaladas em salas destinadas apenas a elas. Também eram tão caras que somente organizações muito endinheiradas podiam comprá-las. Foi somente a partir do final dos anos 1970 que amadores, como Steve Jobs e Steve Wozniak nos Estados Unidos, os cofundadores da Apple, e Clive Sinclair, no Reino Unido, desenvolveram equipamentos de computação pequenos e baratos o suficiente para ser comprados por indivíduos. Os designers e programadores dos novos computadores pessoais precisaram então conceber meios de possibilitar que pessoas não versadas em codificação (a vasta maioria dos prováveis consumidores) pudessem operá-los. Muitas das pesquisas iniciais sobre o design de interfaces digitais — como os estudos de Muriel Cooper e Ron MacNeil na Visible Language Workshop [Oficina de Linguagem Visível] do Massachusetts Institute of Technology [MIT], desde a sua formação em 1974 até a morte de Cooper em 1994 — se dedicaram a esse objetivo, ao mesmo tempo que buscaram dotar as imagens digitais da clareza e da sensibilidade do melhor do design.

Em seu livro *Designing Interactions*, de 2007, o designer de tecnologia Bill Moggridge relata como as primeiras interfaces digitais de usuários foram desenvolvidas por cientistas da computação e engenheiros de design em laboratórios de pesquisa, a exemplo do Xerox Palo Alto Research Center (Xerox PARC, para abreviar), no norte da Califórnia. Seus empenhos foram guiados pelo pressuposto de que, quanto mais os comandos de um computador parecessem coisas familiares que tinham funções similares às deles, mais intuitivo seria operá-los. Para tanto, modelaram a primeira interface digital de usuários, lançada em 1981 com o computador Xerox Star 8010, simulando o vaivém da papelada num escritório: os documentos eram guardados em pastas, fichários e armários e os itens não mais usados eram descartados em cestos de lixo — ou seja, foram criadas simulações gráficas de objetos com funções semelhantes aos comandos.[2] A interface do Star apresentava diversos ícones operacionais criados por Norm Cox, um engenheiro de design da Xerox PARC, dentre eles um retângulo vazio que simbolizava um documento em papel A4 e o ícone do hambúrguer.

A Microsoft, a Apple e outras empresas também adotaram o modelo do escritório, ao mesmo tempo que elaboravam os próprios ícones operacionais para adicionar aos da Xerox. Um designer da Apple, Bill Atkinson, contou a Moggridge que, durante o desenvolvimento do desktop Lisa, no início dos anos 1980, a empresa decidiu que os usuários do computador deviam ser avisados quando a lixeira precisasse ser esvaziada. Atkinson sugeriu que moscas zumbissem ao redor dela, como poderia acontecer na vida real, porém foi dissuadido pelos colegas. Temendo que os insetos fossem irritantes demais, eles insistiram em usar folhas de papel branco amassadas.[3] O Lisa teve pouca saída, mas o conteúdo asséptico da lixeira sobreviveu a ele.

Graficamente, aqueles primeiros ícones eram um tanto toscos, até porque os pixels, com os quais as imagens digitais são formadas, eram muito grandes na época. Contudo, a qualidade das imagens de interfaces de usuários foi se aprimorando, em conjunto com o refinamento dos próprios recursos gráficos computacionais — com pixels cada vez menores e, portanto, detalhamentos cada vez mais sutis. Na década de 2010, nós nos acostumamos a ver ícones operacionais cada vez mais complexos nas telas de computadores, smartphones e tablets, muitos deles embelezados por efeitos ornamentais como sombras projetadas e falsas superfícies texturizadas ou polidas.

Em princípio, esses avanços deveriam ter encorajado os designers a criar uma estética nova e singular: o equivalente do início do século XXI aos controles dos produtos eletrônicos da Braun dos anos 1950 e 1960, de projeto brilhante. Enaltecer a beleza glacial dos antigos rádios e toca-discos da Braun tornou-se lugar-comum, mas eles continuam a ser exemplos da eficiência e da elegância que Muriel Cooper buscou obter nos recursos gráficos digitais. Os designers da Braun conseguiram isso reduzindo ao mínimo a quantidade de botões, interruptores e mostradores, posicionando-os em sequências ordenadas e orientando o usuário com indicações visuais, como códigos de cores. As sinalizações de desligar eram sempre vermelhas e as de ligar, sempre verdes. Eles modificaram até mesmo o formato do topo dos botões para indicar se deveriam ser apertados com firmeza ou pressionados em lugares específicos, usando um formato côncavo no primeiro caso e convexo no segundo. Essa fórmula possibilitou que os produtos fossem operados com o mínimo de esforço, o que deu origem a uma estética inovadora e distintiva, que ainda caracteriza a época.

Em vez de criar algo igualmente cativante, o design das interfaces digitais se baseou na nostalgia. Durante boa parte da década de 2010, foi dominado por imagens hiper-realistas ou miméticas, semelhantes aos objetos análogos que os designers da Xerox PARC utilizaram mais de trinta anos antes. Vejam o exemplo do envelope de papel com um antigo lacre de cera vermelho, que identificava o aplicativo de e-mail nos celulares Samsung com sistema operacional Android: a única referência ao digital era a arroba de endereço de e-mail estampada na cera. Em 2012, a Apple lançou o sistema operacional iOS 6 para iPhones e iPads, cujos símbolos gráficos incluíam um fone de telefone fixo para o aplicativo de ligações, um envelope para o app de e-mail, papel pautado para o bloco de notas e um relógio cuja semelhança com o relógio de estação ferroviária oficial da Suíça suscitou uma disputa judicial (a Apple admitiu a derrota e por fim fechou um acordo para adquirir os direitos de uso respectivos).[4] Ainda mais cafona era a estante de livros de madeira que identificava a livraria digital.

Por que uma empresa investiria tanto dinheiro e energia criativa no desenvolvimento de livros digitais para apresentá-los como se fossem quase iguais aos impressos? Por que não apresentá-los elucidando seus benefícios, como o de oferecer uma escolha mais ampla de títulos que são instantaneamente acessíveis e que, ao contrário dos livros convencionais, não prejudicam o meio ambiente com o uso de papel, tinta e combustível fóssil para transportá-los das gráficas para os depósitos e dali às livrarias? Os símbolos análogos que pareciam tranquilizar os usuários inexperientes dos primeiros tempos do digital se tornaram paternalistas. Sem falar que correm o risco de desorientar os consumidores mais jovens, que jamais tiveram um telefone fixo ou nenhum um dos outros objetos físicos que se tornaram supérfluos justamente por causa dos apps que simbolizam.

Poucas semanas antes do lançamento do iOS 6, a Microsoft apresentou o sistema operacional Windows 8, com uma estética bem diversa. De estilo mais simples e sem firulas decorativas, nele predominavam os blocos sólidos de cor e a tipografia elegante. O "*flat design*", como foi chamado, também foi adotado por empresas como Google, Twitter, Facebook, Dropbox, Samsung e por fim pela Apple. A estilização dos sistemas operacionais subsequentes da Apple ficou mais limpa e menos presunçosa do que a do iOS 6, mas continuou repleta de referências analógicas. Vejam o software iOS 11, por exemplo, lançado no outono de 2017 depois de ter sido anunciado com o barulho de sempre da Apple com o slogan "Um passo gigantesco para o iPhone. Um passo monumental para o iPad". Apesar da hipérbole, os ícones do relógio, da câmera, do envelope e do papel pautado continuaram a vigorar. Felizmente a estante desapareceu, se bem que foi apenas substituída por um livro impresso antiquado. O único raio de esperança foi a retomada do meu mimetismo predileto das interfaces bem anteriores da Apple: o teclado numérico inspirado na calculadora de bolso ET44 da Braun, de 1977. Ele, que tinha sido suplantado por uma tentativa desanimadora de "*flat design*" em várias versões do iOS, retornou no iOS 11, ainda que numa versão um pouco mais sem graça. A Apple abandonou seus excessos miméticos, sim — mas nem abraçou o despojamento total, nem conseguiu elaborar uma nova estética convincente. A partir daí houve pouco progresso e, no outono de 2021, veio à tona o iOS 15, supostamente "cheio de novas funcionalidades" e com uma "poderosa inteligência" que nos possibilitariam "fazer mais do que nunca com um iPhone", porém mantendo em seus ícones as mesmas referências analógicas, entre elas aquela às páginas abertas de um livro impresso.

Infelizmente, as interfaces da Apple não são os únicos exemplos tediosos do "*flat design*", que, embora mais limpos e elegantes do que as estilizações miméticas, pode ser tão esquemático quanto o nome sugere. Sua estética despojada também é nostálgica, influenciada pelo modernismo europeu do pós-guerra difundido pela Escola Suíça de tipografia, com expoentes como Max Bill e Adrian Frutiger.

Desenvolver uma estética de design marcante tal como a Braun fez há tempos é extremamente difícil em qualquer contexto, mas ainda mais quando se trata de algo tão complexo como uma interface digital e suas múltiplas funções. Enquanto os designers da Braun podiam se apoiar no princípio do design industrial modernista de que "a forma segue a função" para dar orientações físicas de como operar seus produtos, os designers dos dispositivos digitais não podem fazer o mesmo. Como adivinhar o que fazer com um smartphone pequeno e enigmático, ou com um tablet, só de olhar para eles? Não dá. Outro obstáculo é a necessidade de projetar sistemas operacionais que, à maneira dos sinais de trânsito, precisam ser compreendidos com facilidade por pessoas com níveis de conhecimento e de experiência tecnológicos extremamente diversos, sem irritar os peritos nem confundir os principiantes.

Por outro lado, os designers de interfaces de usuários também têm vantagens significativas. O campo em que atuam é relativamente novo, o que muitas vezes é propício a abordagens ousadas e experimentais. Envolve igualmente empresas de grande porte com vastos recursos para pesquisa, como Apple, Google e Samsung, que oferecem uma gama de oportunidades para designers empreendedores e atitudinais, como Brichter, atuarem de forma independente, sem diretrizes e exigências empresariais a cumprir. O aspecto visual do projeto de interfaces de usuários tampouco é limitado por restrições regulamentares. Não há nenhuma pressão legislativa para que se utilizem quaisquer símbolos operacionais, nem acordos industriais que obriguem as empresas a fazê-lo. Em princípio, os designers de interfaces de usuários até agora tiveram liberdade para inventar uma estética própria e a vantagem inestimável dos grandes saltos tecnológicos para ajudá-los nisso.

Será que vão aproveitar melhor essas oportunidades no futuro? Não há razão para que não o façam, especialmente porque o design de interfaces já avançou bastante nos aspectos funcional e tátil. Se as interfaces digitais conseguirem alcançar essa mesma imponência no aspecto visual, todo mundo vai ganhar. O que você preferiria ver nas telas? O hambúrguer, surpreendentemente expressivo e cujo único aceno de nostalgia é aos primórdios das interfaces digitais, ou uma estante de livros que parece tão tediosa no plano físico quanto no digital?

Notas

1 O ícone original do hambúrguer foi projetado por Norm Cox, engenheiro de design do centro de pesquisa e desenvolvimento da Xerox em Palo Alto, no norte da Califórnia, para o computador Xerox Star 8010, lançado em 1981. Loren Brichter o reviveu como um símbolo para indicar listas no Tweetie, um app que ele projetou quando trabalhava para a Apple, em 2008. O Tweetie foi projetado para possibilitar que usuários de iPad usassem o Twitter. "A Brief History of the Hamburger Icon". *Placeit Blog*.
2 Bill Moggridge, *Designing Interactions*. Cambridge: MIT Press, 2007, pp. 53-54.
3 Ibid., p. 101.
4 O relógio de estação suíço foi projetado em 1944 por Hans Hilfiker, engenheiro e funcionário da SBB, a empresa ferroviária nacional da Suíça, e está instalado em estações ferroviárias de todo o país. Em 2012, a SBB processou a Apple por violação de direitos autorais, alegando que o ícone do relógio no iOS 6 se baseava no relógio de estação suíço. Mais tarde, a Apple fechou um acordo com a SBB para adquirir o licenciamento do uso do design desse objeto. "Apple gets OK to use Swiss railway clock design". *Reuters*, 12 out. 2012.

Hella Jongerius (acima) trabalhando em seu estúdio em Berlim com Edith van Berkel em um projeto de design industrial para a companhia aérea holandesa KLM.

7.
O design ainda é um mundo (cis) masculino?

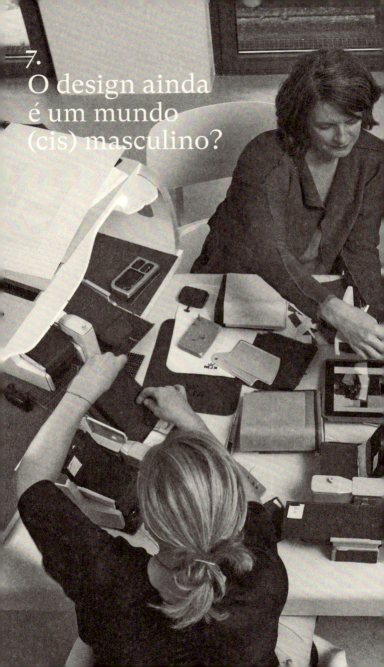

Quando ouço falar de outros designers negros, fico contente de que estejam por aí, mandando bem como todo mundo. Na real, acho que a questão com as mulheres é um osso mais duro de roer. No fim das contas, ser um homem branco provavelmente ainda é muito mais fácil. Não rola nenhum "Veja bem, tem um...".

— GAIL ANDERSON apud A. RAWSTHORN, "Design Gets More Diverse". *The International Herald Tribune*, 2011.

Quando Gertrud Arndt largou seu emprego num escritório de arquitetura em 1923 para aproveitar uma bolsa de estudos numa escola de arte e design que prometia acolher "qualquer pessoa de boa reputação, não importando idade ou sexo", tinha muita esperança de cursar arquitetura. Em vez disso, foi convencida a ingressar no curso de tecelagem, tal como se deu com a maioria das outras mulheres matriculadas na Bauhaus. As que se recusavam eram estimuladas a cursar encadernação de livros, sob a justificativa de que aquilo também era algo apropriadamente "feminino".

A Bauhaus não foi a única a perpetuar estereótipos de gênero. Poucos anos após a chegada de Arndt, uma jovem designer de interiores francesa, Charlotte Perriand, pediu emprego a Le Corbusier em seu escritório de arquitetura parisiense e foi rejeitada de forma curta e grossa: "Aqui não bordamos almofadas".[1] Décadas depois, em 1956, os telespectadores do programa de televisão estadunidense *Home* assistiram ao constrangimento de Ray Eames que, ao se juntar ao marido no ar, foi anunciada pela apresentadora da seguinte maneira: "Esta é a sra. Eames, e ela vai nos contar como ajuda Charles [o marido] a projetar estas cadeiras".[2] Outra colaboradora de Le Corbusier, a arquiteta britânica Jane Drew, que exercia a profissão com o marido, Maxwell Fry, ficou tão irritada ao ser sempre apresentada em palestras como "sra. Fry" que passou a dizer: "Lamento, mas a sra. Fry não pôde estar conosco esta noite. Em vez disso a srta. Jane Drew fez a gentileza de aceitar substituí-la".[3]

Não é de admirar que tantos livros de história do design estejam repletos de referências a homens (na maior parte homens brancos, e essa é outra história).

As coisas têm melhorado. Várias designers já são reconhecidas como expoentes em seu campo de atuação, entre as quais Hella Jongerius no design industrial, Irma Boom no de livros, Ilse Crawford em interiores, Es Devlin em performance e Hilary Cottam no design social. Outras mulheres conquistaram cargos acadêmicos, prêmios e curadorias em design prestigiosos que antes pareciam ser exclusivos dos homens. Contudo, os designers com maior visibilidade e sucesso comercial ainda são predominantemente homens, muito embora as mulheres sejam maioria entre os alunos de grande parte das escolas de design há mais de duas décadas. E ainda estou por conhecer uma designer, bem-sucedida ou não, que não tenha passado por constrangimentos e impedimentos misóginos similares aos que afligiram Arndt, Perriand, Eames e Drew em anos anteriores. Já o contingente crescente de designers queer e trans que preferem não se identificar de modo binário enfrenta ainda mais preconceitos.

Não que tais grupos deixariam de enfrentar obstáculos como esses em outros âmbitos, mas enfrentaram tempos excepcionalmente difíceis no campo do design — e continuam a enfrentar. Tampouco são as únicas vítimas do preconceito de gênero presente na área do design. Todos nós sofremos. Se achamos que o design cumpre uma função importante na organização da vida e na caracterização dos objetos, das imagens, dos sistemas e dos espaços que a preenche, faz sentido a ideia de que precisamos dos melhores designers possíveis. Só que não os teremos se eles não puderem vir de todos os segmentos da sociedade, e não de um único gênero. Foi o que Caroline Criado Perez demonstrou no livro *Invisible Women*, de 2019, ao trazer à tona dados que revelam que as mulheres têm 47% mais probabilidades de sofrer lesões graves em batidas de carro do que os homens e 50% mais chances de serem diagnosticadas incorretamente após um ataque cardíaco, entre muitas outras desvantagens, em razão do que ela qualificou como um enfoque projetual baseado na ideia de que "o que serve para os homens serve para todos".[4] Por que o design permanece um "mundo masculino" há tanto tempo? E por quanto mais tempo a política de gênero de uma disciplina que teoricamente deveria ser aberta e eclética continuará tão arcaica, apesar do interesse crescente sobre feminismo, transgenerismo e fluidez de gênero?

As mulheres têm praticado design ao longo de toda a história, claro, ainda que na condição inconsciente de "designers acidentais", criando as ferramentas mais úteis ou as armas mais letais regidas pelo princípio instintivo da necessidade. Seu trabalho raramente foi reconhecido, assim como o dos homens que faziam design de maneira também intuitiva. Até o século XX, pouquíssimas mulheres puderam atuar como designers profissionais, e era improvável que o fizessem se não contassem com o favorecimento do patrimônio e das conexões sociais.

Vejam o exemplo de Lady Elizabeth Templetown, a mais bem-sucedida das socialites londrinas, que convenceu Josiah Wedgwood a permitir que ela decorasse os artigos de cerâmica que ele produzia no final do século XVIII, quando aventurar-se na cerâmica era considerado uma atividade feminina de bom gosto, assim como o piano e o bordado. Templetown era uma estrela das colunas sociais, e é provável que Wedgwood estivesse tão interessado no potencial promocional dela quanto em suas habilidades como designer. O fato é que alguns dos padrões que ela criou, na maior parte cenas domésticas sentimentais, se tornaram campeões de venda. As primas Agnes e Rhoda Garrett, também de família privilegiada, um século depois reivindicaram ser as primeiras "decoradoras artísticas", ou designers de interiores, de Londres. Sim, eram talentosas e determinadas, mas as duas tiveram o apoio financeiro do pai de Agnes, um próspero negociante de grãos, além de terem sido ajudadas pelas encomendas das irmãs dela, como a sufragista Millicent Fawcett e a médica pioneira Elizabeth Garrett Anderson.[5] Ainda bem, pois o único arquiteto que conseguiram convencer a admiti-las como aprendizes só as aceitou sob a condição de que elas não se envolvessem com o processo sujo, "antifeminino", da construção.[6]

De modo similar, as primeiras mulheres a realizar suas ambições arquitetônicas em geral utilizaram recursos próprios e construíram em terras próprias, como as aristocratas britânicas Lady Elizabeth Wilbraham e Lady Anne Clifford fizeram nas propriedades rurais da família no século XVII. Sarah Losh, herdeira de uma fortuna industrial no Condado de Cúmbria, projetou uma igreja, uma escola e casas a serem construídas em sua propriedade no vilarejo de Wreay, em meados do século XIX.[7] Mesmo no século XX, uma designer e arquiteta tão habilidosa como Eileen Gray pelejava para receber projetos e viu-se forçada a batizar a galeria de design que dirigia em Paris nos anos 1920 com o nome de um homem imaginário: Jean Désert. Gray só conseguiu sustentar sua carreira de arquiteta graças à renda privada que financiou a construção das casas que projetava para si própria. Charlotte Perriand foi uma rara exceção; foi uma das pouquíssimas mulheres com origens modestas — seu pai era alfaiate e sua mãe uma costureira no ramo da moda de Paris — a conseguir se estabelecer como designer e posteriormente como arquiteta.

Contudo, o êxito de Perriand em parte se deveu ao apoio masculino, graças a seu relacionamento com o arquiteto suíço Pierre Jeanneret, primo de Le Corbusier e seu principal colaborador. O mesmo aconteceu com outras designers proeminentes do período entre início e meados do século XIX, que foram esposas ou amantes de profissionais mais afamados, como Marion Dorn e Edward McKnight Kauffer, Lilly Reich e Mies van der Rohe, Jane Drew e Maxwell Fry e Ray Eames e Charles Eames. Raciocínio idêntico vale para a notável Lina Bo Bardi, cujas realizações como pioneira de uma abordagem indiscutivelmente brasileira da arquitetura moderna, inspirada por seu amor pelo design vernacular, pelo artesanato e pelo folclore brasileiros, foram minadas por acusações de favoritismo por conta de seu casamento com Pietro Maria Bardi, um importante historiador da arte em sua Itália natal e diretor do Museu de Arte de São Paulo, a primeira grande realização arquitetônica de Lina. A carreira de todas essas mulheres notáveis foi confundida com a de seus parceiros ou atribuídas a nepotismo — com frequência as duas coisas. Tão poucas mulheres trabalhavam como designers nos Estados Unidos no fim dos anos 1950 que, quando Harley Earl, o chefe de design da General Motors, contratou nove mulheres para trabalhar com as fileiras de homens da equipe de design da empresa, a presença delas foi considerada tão incomum que lhes deram um nome especial: as "Donzelas do Design".[8] Ninguém sonharia em apelidar os homens designers, afinal eles eram a regra.

A motivação de Earl era pragmática, não política. Na época, dois em cada cinco motoristas nos Estados Unidos eram do sexo feminino, e os pesquisadores da GM relataram que as motoristas não estavam nem um pouco contentes com o projeto e a funcionalidade dos carros que conduziam, evidentemente projetados por homens e para homens. Décadas depois, teóricas feministas do design, a exemplo da designer gráfica Sheila Levrant de Bretteville e de suas colaboradoras no Women's Graphics Center de Los Angeles,[9] ainda lamentavam a "generização" de objetos e imagens por parte dos homens, que continuavam a encomendar a maioria dos projetos de design comerciais e a liderar as equipes de design que os desenvolviam, inserindo os próprios valores nos resultados e desprezando as necessidades das mulheres, ou as enganando com clichês. Infelizmente esses problemas persistem, como evidenciam as análises dos dados apresentadas por Criado Perez.

Mesmo assim, a partir do início do século XXI as designers começaram a se tornar mais numerosas e, aos poucos, mais influentes. Mas não estavam livres dos problemas e preconceitos enfrentados pelas mulheres em outras esferas — de abusos machistas e humilhações mesquinhas, como serem ignoradas por clientes que insistiam em reportar-se aos colegas homens, até desafios práticos, como lutar para equilibrar as responsabilidades profissionais e as pessoais, ou descobrir que um homem com qualificação semelhante recebia uma remuneração maior pelo mesmo trabalho. Quando, em 2015, e designer conceitual australiane Gabriel A. Maher efetuou um diagnóstico sobre a representação de gênero nas edições de um ano da revista de design holandesa *Frame*, os resultados foram alarmantes. Mais de 80% dos indivíduos — na sua maioria designers e arquitetos — fotografados nas páginas editoriais e dos modelos nas propagandas eram apresentados como homens cis. Geralmente, eles assumiam poses firmes, enérgicas, e eram descritos com títulos heroicizantes como "Mestre encontra a máquina" e "Um homem determinado". As mulheres cis vinham em figurações mais submissas, por vezes coquetes, alardeadas como "Divas do design", "Matriarca de metal" e outros termos estereotipados e risíveis. Mais tarde naquele ano, a IBM viu-se forçada a abandonar uma campanha de mídia destinada a estimular as mulheres a atuar em ciências, tecnologia, engenharia e design depois que o seu público-alvo manifestou indignação ao ser "desafiado" a "hackear um secador de cabelo". Não é de admirar que os professores de design continuem a relatar que até mesmo as alunas mais promissoras sofram de baixa autoestima e outros problemas de insegurança que atormentam as mulheres através dos tempos.

Entretanto, há cada vez mais exceções. Jongerius, Boom, Crawford, Devlin, Cottam e outras designers exímias, como Gail Anderson e Frith Kerr no segmento gráfico, servem de modelos inspiradores para mulheres mais jovens. Alguns duos de design com gêneros mistos têm escolhido atuar sob o nome da mulher em vez do nome do homem — é o caso de Wieki Somers e seu parceiro Dylan van den Berg no Studio Wieki Somers de Roterdã e de Patricia Urquiola e Alberto Zontone em Milão. Os feitos de designers mulheres antes negligenciadas passaram a ser celebrados com regularidade em exposições, acervos de museus e livros. Há muitas mulheres entre os curadores de design mais influentes, com destaque para Paola Antonelli, do Museu de Arte Moderna de Nova York, e Beatrice Galilee, de The World Around, em Nova York;

Catherine Ince, do Victoria & Albert Museum de Londres; Matylda Krzykowski, em Berlim; Tulga Beyerle, em Hamburgo; Lilli Hollein e Amelie Klein, em Viena; e Cecilia León de la Barra, na Cidade do México. Numa época de interesse crescente por temáticas relacionadas a feminismo, a queerismo e às campanhas #MeToo e #TimesUp, as políticas de gênero do design são exploradas em livros e debates organizados por grupos ativistas, tais como a Gender Design Network, que atua globalmente de sua base na Alemanha.

Mesmo assim, as mulheres ainda parecem penar em segmentos consagrados do design, em especial o design industrial, provavelmente porque os rumos dessas áreas são determinados por agentes poderosos responsáveis pelos trabalhos de prestígio, em sua maior parte homens. Até agora, Hella Jongerius foi a única mulher a ingressar na elite dos designers industriais e a encabeçar projetos ambiciosos, como a sua atuação para a KLM. Seu trabalho foi decisivo para estimular nuanças de textura, cor e simbolismo nos produtos destinados ao consumo em massa, e tem sido amplamente imitado, ainda que, em geral, com menos rigor e sensibilidade.

Não à toa, as mulheres tendem a avançar com mais rapidez nos novos segmentos do design, nos quais não há porteiros do sexo oposto para impedir que assumam posições de liderança, tal como não havia ninguém bloqueando Muriel Cooper quando ela ingressou no incipiente âmbito do design digital nos anos 1970. Desde então outras mulheres levaram adiante o protagonismo dela, como a designer de softwares Lisa Strausfeld, que foi aluna de Cooper e deu à filha o nome dela, e as designers italianas de visualização de dados Federica Fragapane e

Giorgia Lupi. O design social é outro segmento em rápida expansão em que as mulheres têm prosperado; são exemplos Bianca Elzenbaumer, do Brave New Alps, Sara Saeed Khurram e Iffat Zafar Aga, do Sehat Kahani, e Emily Pilloton e Maya Bird-Murphy, responsáveis por cursos experimentais que ensinam design e habilidades práticas aplicadas em comunidades economicamente desfavorecidas dos Estados Unidos nas iniciativas Girls Garage e Chicago Mobile Makers, respectivamente. Bilikiss Adebiyi-Abiola e Poonam Bir Kasturi[10] desenvolveram projetos de design influentes e sustentáveis para melhorar o gerenciamento de resíduos na Nigéria e na Índia, respectivamente. Christien Meindertsma, a designer alemã Julia Lohmann e a designer chinesa Jing He estão à frente dos avanços do design conceitual, seguindo os passos da designer britânica Fiona Raby, que, com Anthony Dunne, realizou trabalhos importantes nos primeiros tempos desse campo de atuação.

Dadas a rapidez dos avanços em ciência e tecnologia e a aceitação cada vez maior do design como uma possível solução para uma variedade cada vez maior de desafios socioeconômicos e ambientais, mais segmentos novos devem vir à tona no futuro. Por mais empoderador que isso possa ser para os homens, será ainda mais para as mulheres, pois possibilitará que atuem de forma independente, sem os entraves das redes dos velhos camaradas.

Es designers queer e trans também vão sair ganhando. Elus estão em vias de se tornar es principais beneficiáries das novas oportunidades oferecidas pelo design atitudinal, e nos pouparão de ter de enfrentar mais soluções de design misóginas como as que tanto enfureceram as teóricas feministas no final do século XX. Por mais incisivas que fossem as críticas delas, parecem menos relevantes numa época em que as interpretações da identidade de gênero vão se tornando cada vez mais nuançadas, refinadas e singulares.

À medida que definições binárias como homens cis e mulheres cis se tornam cada vez mais ultrapassadas, é ainda mais importante que nós todos possamos decidir como expressar as nuanças de nossas identidades pessoais nas nossas escolhas em matéria de design, em vez de deixá-las a cargo do establishment cis masculino que, há tanto tempo, sustenta o "mundo masculino" do design.

Notas

1 Esther da Costa Meyer, "Simulated Domesticities: Perriand before Le Corbusier", in Mary McLeod (org.), *Charlotte Perriand: An Art of Living*. New York: Harry N. Abrams, 2003, pp. 36-37.

2 Charles e Ray Eames foram entrevistados por Arlene Francis em 1956 no programa de variedades *Home*, transmitido na programação matinal da NBC. A entrevista, de doze minutos, foi agendada para divulgar o lançamento da Lounge Chair projetada pelos Eames para o fabricante de móveis estadunidense Herman Miller. "America Meets Charles and Ray Eames", disponível on-line em youtu.be/IBLMoMhlAfM.

3 Shusha Guppy, "Obituary: Dame Jane Drew". *The Independent*, 31 jul. 1996.

4 Caroline Criado Perez, *Invisible Women: Exposing Data Bias in a World Designed for Men*. London: Chatto & Windus, 2019.

5 Elizabeth Crawford, *Enterprising Women: The Garretts and their Circle* [2002]. London: Francis Boutle Publishers, 2009.

6 A recepção dos trabalhos de design de interiores de Agnes e Rhoda Garrett em exposições públicas era com frequência hostil e por vezes ostensivamente misógina. O crítico Lewis F. Day qualificou a mobília que elas apresentaram na Exposição Mundial de Paris de 1878 como "sem graça e de mau gosto", afirmando que o material exposto dava mostras de "como basta pouco para satisfazer a ambição das damas decoradoras". Annmarie Adams, *Architecture in the Family Way: Doctors, Houses and Women, 1870-1900*. Montreal/Kingston: McGill-Queen's University Press, 2001, p. 151.

7 Jenny Uglow, *The Pinecone: The Story of Sarah Losh, Forgotten Romantic Heroine-Antiquarian, Architect and Visionary*. London: Faber & Faber, 2012, pp. 198-99.

8 Em 1943, Harley Earl, o poderoso chefe de design da General Motors, contratou Helene Rother como a primeira designer da empresa, com o objetivo de que ela auxiliasse na escolha de cores e tecidos para o interior dos automóveis. Uma segunda mulher, Amy Stanley, ingressou na equipe dois anos depois. Foi somente em meados dos anos 1950 que Earl recrutou mais mulheres, em sua maioria formadas no programa de design industrial do Pratt Institute, utilizando a presença delas como um recurso promocional para a General Motors. A principal função das "donzelas" era projetar o interior dos automóveis, muito embora quatro das novas recrutas tivessem sido deslocadas para uma subsidiária da GM, a Frigidaire, para projetar estandes de feiras de negócios, a exemplo de uma "cozinha do amanhã". Regina Lee Blaszczyk, *The Color Revolution*. Cambridge: MIT Press, 2012, p. 249.

9 A designer gráfica estadunidense Sheila Levrant de Bretteville montou o Women's Graphics Center como um espaço de especialistas no âmbito do Woman's Building, um centro cultural e educativo para mulheres acessível ao público fundado por ela em Los Angeles, em 1973, com a artista Judy Chicago e a historiadora de arte Arlene Raven.

10 A empreendedora de design indiana Poonam Bir Kasturi, que estudou no National Institute of Design da Índia, fundou a Daily Dump como um meio divertido e acessível de estimular as pessoas a converter seu lixo orgânico em compostagem, atenuando a demanda do serviço público de coleta de lixo de Bangalore. Além de projetar e distribuir kits, a Daily Dump ensina a fazer compostagem e ajuda associações similares a se estabelecer em outros locais.

Burkina Institute of Technology projetada por Diébédo Francis Kéré (fundador da Kéré Arquitetura) em Burquina Faso com o uso de materiais e técnicas locais. Foto de Iwan Baan.

8.
A questão de cor no design

O que eu busco no meu trabalho é engajar as pessoas. Acho que foi Amílcar Cabral, um revolucionário africano, quem disse: "É preciso que a gente consiga falar de um jeito que até uma criança nos entenda". Pensei nisso e concluí que precisamos também desenhar de um jeito que uma criança possa entender, para atingir um público amplo sem perder a essência ou o sentido do nosso trabalho.

— EMORY DOUGLAS em entrevista a COURTNEY YOSHIMURA. *ArtForum*, 2016.

A pergunta "O que é um porco?" está impressa sobre a grotesca imagem de um porco manco usando uma muleta e com lágrimas escorrendo do focinho, roupas rasgadas, membros enfaixados e mosquitos a esvoaçar ao redor de suas feridas. A resposta está inscrita abaixo: "Um bicho vil, que não tem nenhuma consideração por lei, pela justiça ou pelos direitos das pessoas; uma criatura que morde a mão que a alimenta; um sórdido difamador depravado, que costuma se fazer passar por vítima de um ataque não provocado".

Battle Fatigue [Fadiga do combate] é um entre centenas de desenhos feitos durante a luta pelos direitos civis nos Estados Unidos, no final dos anos 1960 e nos anos 1970, pelo designer gráfico Emory Douglas em sua atuação como artista revolucionário e depois ministro da Cultura do Partido dos Panteras Negras [Black Panther Party]. Retratando a coragem das vítimas de atos racistas e da brutalidade policial, as imagens de Douglas eram publicadas no jornal *The Black Panther* e em cartazes colados ao redor da sede do partido em Oakland, na Califórnia. Seu estilo gráfico distintivo, combinando contornos e cores fortes em imagens comoventes ou de crueldade inabalável, criou uma identidade visual instantaneamente reconhecível para o movimento. *Battle Fatigue*, que ele desenhou em dezembro de 1967, tornou a palavra "porco" [*pig*] um sinônimo mundial de policiamento repressivo.

Apesar de todo o seu talento, Douglas só descobriu o design por acaso, na adolescência, depois de ter sido detido e sentenciado à reclusão de quinze meses num reformatório de Ontário, na Califórnia. Ali o incumbiram de trabalhar na gráfica, onde fez um curso intensivo de tipografia, layout e ilustração. Quando foi libertado, cursou design gráfico no San Francisco City College, que era um núcleo do movimento de protesto estudantil. Douglas aderiu ao recém-formado Partido dos Panteras Negras em 1967, lançando-se no ativismo, e se ofereceu para contribuir com o design do número de lançamento do seu jornal oficial, *The Black Panther*, no qual atuou até seu encerramento em 1980.

Douglas não é tão reconhecido quanto seria de esperar de um designer talentoso e prolífico como ele, especialmente considerando uma história tão pitoresca como a sua. Contudo, não foi esquecido. O Museu de Arte Contemporânea de Los Angeles apresentou uma retrospectiva da sua obra em 2007,[1] seguido pelo New Museum de Nova York em 2009.[2] Ambas as exposições contribuíram para consolidar seu trabalho junto aos Panteras Negras não só como um elemento importante da identidade visual "radical chic" do partido, mas também como um exemplo de *branding* político eficiente. Sua obra já faz parte dos acervos de design do National Museum of African American History and Culture (NMAAHC) de Washington DC e do Museu de Arte Moderna de Nova York.

Mesmo assim, Emory Douglas se destaca entre o seleto grupo de designers considerados dignos de exposições nos Estados Unidos e em outros lugares por uma razão profundamente desanimadora: ele é negro. O design há muito tempo é acusado de ser um "mundo masculino", mas um "mundo do homem branco" seria mais preciso, pois é isso que se vê retratado na maioria dos livros, exposições e outras narrativas convencionais da história do design.

Houve progresso, graças ao sucesso recente de designers negros, tais como o arquiteto burquinense Diébédo Francis Kéré, sua contemporânea nigeriana Mariam

Kamara, o designer de produtos afro-americano Stephen Burks e o designer de moda sul-africano Thebe Magugu. Entretanto, e apesar dos esforços das instituições de design com predominância de brancos para refrear o racismo sistêmico e tornar-se mais inclusivas, sobretudo após as revoltas em nome da causa Black Lives Matter, o design permanece etnicamente menos diversificado do que a maioria dos outros âmbitos criativos, até menos do que o da arte, que tem suas próprias questões de inclusão. Segundo o American Institute of Graphic Arts, apenas 3% dos designers dos Estados Unidos, de todos os segmentos, identificam-se como negros, um número desproporcional à porcentagem da população total.[3] Igual disparidade se verifica nos corpos discentes das escolas de design da América do Norte e da Europa, embora o número de designers e estudantes de design asiáticos venha aumentando com constância em ambas as regiões.

As consequências são graves. Para que o design consiga realizar seu potencial de melhorar a nossa qualidade de vida, ele precisa atrair os profissionais mais talentosos e refletir as nuanças, as complexidades e as sensibilidades de todos os grupos da sociedade. Como poderá fazer isso se continuar sob o predomínio de um segmento populacional específico e ainda privilegiado? A designer de moda Grace Wales Bonner exerceu impacto similar em seu campo de atuação ao se valer de sua identidade britânico-jamaicana em suas coleções, e os trabalhos da designer de moda e diretora de arte afro-americana Virgil Abloh se inspiraram tanto em sua ascendência ganesa como na pauta da luta pelos direitos civis nos Estados Unidos. Já as ilustrações de Mohammed Fayaz, originário de uma família indiana muçulmana do bairro do Queens, em Nova York, retratam a espirituosidade, a alegria, as vulnerabilidades, a intensidade e o otimismo de sua comunidade de pessoas negras, queer e trans. Por que não há mais designers negros e negras proeminentes para compartilhar suas perspectivas?

Historicamente, a explicação era simples: os designers negros sofriam da mesma discriminação que seus semelhantes em outros âmbitos, fosse ela institucional, à maneira da segregação nos Estados Unidos, fosse resultado de racismo pessoal. Norma Merrick Sklarek foi uma das primeiras mulheres negras a se credenciar para exercer arquitetura nos Estados Unidos ao se diplomar em 1950, mas não conseguiu encontrar nenhuma empresa disposta a contratá-la. Por fim ingressou no Departamento de Obras Públicas de Nova York. Quando Charles Harrison, um estudante de design industrial excelente da School of the Art Institute of Chicago no início dos anos 1950, se candidatou para a equipe de design do grupo de varejo Sears, disseram-lhe que a empresa tinha um veto extraoficial à admissão de afro-americanos. Foi empregado por um de seus professores e trabalhou em uma série de consultorias de design em Chicago, muitas vezes em projetos para a Sears, até que a empresa lhe ofereceu um cargo em 1961, tornando-o seu primeiro executivo afro-americano. Harrison foi rapidamente promovido a chefe de design e desenvolveu muitos dos produtos de maior sucesso da empresa até aposentar-se, em 1993.

A maior parte dos designers afro-americanos do século XX atuou no âmbito de comunidades negras. Alguns participavam de movimentos ativistas, a exemplo de Douglas, mas a maioria trabalhava em pequenos escritórios de design afro-americanos que prestavam serviços a clientes afro-americanos, que também contratavam contadores e advogados afro-americanos, e assim por diante. Sklarek e Harrison foram exceções, ao se infiltrar no *mainstream*.

No início do século XXI, designers negros dinâmicos como Abloh, Bonner, Burks, Kamara, Kéré e Magugu estavam prosperando nos Estados Unidos e em outras partes do mundo. Todo e toda designer afrodescendente que conheci vivenciou episódios de racismo de alguma ordem, variando desde sofrer discriminação ilegal até ser confundido com alguém que ocupa um cargo subalterno. De forma reveladora, alguns homens atribuíam esses problemas à sua juventude, ao passo que as mulheres se afetavam mais e não sabiam se eram desencadeados pela idade, pela etnia, pelo gênero ou pelas três coisas juntas. Indivíduos negros de todos os gêneros também se recordavam de se sentir compelidos a provar seus méritos trabalhando com mais afinco do que os colegas brancos, especialmente no início da carreira. De novo, as mulheres tendiam a se sentir mais pressionadas a sobressair.

Quanto às escolas de design, a maioria atribui a escassez de alunos negros à insuficiência de modelos de sucesso, que proporcionem a adolescentes ambiciosos a confiança de que eles também podem construir carreiras produtivas no campo do design. A triste ironia é que o caráter competitivo da prática do design o torna um campo relativamente meritocrático, em que o êxito tende a ser determinado por talento, carisma e afinco — a menos, é claro, que o preconceito intervenha e negue aos indivíduos a oportunidade de comprovar seus méritos.

É de esperar que esses obstáculos desapareçam à medida que surjam mais designers afrodescendentes talentosos. Os esforços feitos para celebrar designers negros de épocas anteriores também ajudam — a exemplo das mostras de Douglas em museus e da abordagem de Glenn Adamson sobre o artesanato de afro-americanos escravizados e seus descendentes no livro *Craft: An American History* [Artesanato: uma história americana], de 2021. Outra contribuição é o aumento de debates e simpósios sobre design e diversidade e as estratégias de mobilização inclusivas suscitadas pelos protestos da causa Black Lives Matter.

Os problemas de diversidade no design vistos na Europa e na América do Norte também podem ser amenizados por mudanças mais amplas de geopolítica cultural. No decorrer do século XX, a influência cultural predominante nessa área em âmbito internacional veio do modernismo europeu, incubado no Leste Europeu e na Europa Central no início do século e exportado para o mundo inteiro nos anos 1930 e 1940 por migrantes fugindo de perseguições políticas.

Um tema determinante para o modernismo europeu era a aplicação de novas tecnologias e princípios de design racionalistas para gerar grandes quantidades de objetos idênticos com qualidade consistente e custos relativamente baixos. Esse enfoque privilegiava a padronização em detrimento da diversidade e os países ricos com infraestrutura industrial considerável em detrimento das economias emergentes. Mesmo quando estes últimos se empenhavam para modernizar-se nesse sentido, tendiam a pedir a orientação de designers ocidentais — caso do governo indiano ao solicitar o relatório de Charles e Ray Eames no final dos anos 1950. À diferença dos Eames e de Charlotte Perriand, que prestou serviço similar ao governo japonês no início dos anos 1940, muitos designers aconselhavam seus clientes a adotar modelos de industrialização ocidentais, com resultados muitas vezes decepcionantes ou até desastrosos.

Um dos meus exemplos prediletos do papel do design de emancipar e ao mesmo tempo de modernizar a identidade de uma nação é a obra do paisagista Roberto Burle Marx. Como a maior parte dos brasileiros abastados, ele cresceu em meio a rosas, tulipas e outras plantas europeias que foram importadas na época colonial. Foi somente ao visitar os jardins botânicos de Berlim enquanto estudava arte nos anos 1920 que ele descobriu a beleza das plantas, árvores, cactos e gramíneas nativas brasileiras, desprezados pelos compatriotas como ervas daninhas. Burle Marx dedicou a carreira a cultivar espécies nativas. Muitas delas ele trouxe de expedições de pesquisa botânica em florestas tropicais para estudar no Sítio Santo Antônio da Bica, uma antiga fazenda cafeeira nos arredores da cidade do Rio de Janeiro que ele converteu num laboratório vivo, onde observava um acúmulo cada vez maior de plantas brasileiras. Ele as plantou nos jardins e parques que projetava com um estilo modernista tropical exuberante, entre os quais os de vários espaços em Brasília, a então nova capital do país, e do alegre calçadão de Copacabana no Rio de Janeiro, com 4 mil metros de extensão. Além de reinventar o design de paisagens e jardins, Burle Marx identificou mais de quinhentas espécies até então desconhecidas em suas expedições de pesquisa épicas, que muitas vezes se estendiam por milhares de quilômetros, e desempenhou um papel importante ao alertar o mundo sobre a situação de risco da Floresta Amazônica.

O ardor e o otimismo com que Burle Marx expressava sua visão do Brasil foram excepcionais na época. Os avanços tecnológicos hoje corroem os benefícios econômicos da padronização, pois tornam a execução de projetos arquitetônicos e industriais ambiciosos mais rápida, mais barata e mais fácil, independentemente de estarem inseridas em economias desenvolvidas ou em desenvolvimento — além de facilitarem a customização dos resultados obtidos. Com a aceleração crescente desse processo, os designers poderão expressar cada vez mais as sutilezas de sua identidade cultural nos trabalhos que realizam, incluindo os aspectos de etnicidade e gênero.

As ferramentas digitais que fomentam o aumento dos projetos de design atitudinal entre designers independentes e empreendedores de design na América do Norte e na Europa Ocidental estão possibilitando o mesmo na África, na América Latina e no Sul Asiático. Alguns designers dessas regiões tornaram-se referência no emprego de tecnologias em rápido desenvolvimento, a exemplo do serviço de telemedicina pioneiro de Sehat Kahani no Paquistão e das inovações médicas interconectadas na África, como o monitor cardíaco móvel de Arthur Zang em Camarões. Tão engenhosos quanto são os projetos de design logístico como o do serviço Wecyclers. Cofundado pela empreendedora nigeriana Bilikiss Adebiyi-Abiola, o serviço recolhe resíduos recicláveis das favelas de Lagos com o uso de bicicletas de carga e vans especialmente projetadas para percorrer vias congestionadas. Os moradores enviam mensagens de texto ao serviço para avisar que seus recicláveis estão disponíveis para coleta e ganham em troca vales-compra de alimentos, produtos de limpeza e recargas de celular. Em seguida, o lixo é despachado para centros de reciclagem subutilizados até então, para que seja descartado de forma responsável.

A cultura de design africana também será fortalecida pelos investimentos recentes em programas de infraestrutura de porte gigantesco. Um dos destaques é a geração de energia limpa ou renovável que favorece os mesmos lugares que, na era industrial, se viram prejudicados geograficamente tanto pelos climas adversos como pela insuficiência de investimentos. Na América Latina, o Uruguai, o Paraguai e a Costa Rica já obtêm mais de 90% de sua eletricidade das energias eólica, solar e hídrica. O Marrocos tem planos ambiciosos para as suas usinas de energia solar recém-construídas, assim como a África do Sul. Além de prometer transformar as economias desses países ao reduzir sua dependência da energia de combustíveis fósseis importados e caros, e possibilitar que gerem novos fluxos de renda com a exportação de energia limpa excedente, esses programas vão deixar um legado de perícia em design e engenharia que poderá ser aplicado de forma construtiva em outros âmbitos. O mesmo vale para a iniciativa já comentada da Grande Muralha Verde na região do Sahel.

Todos esses projetos — grandes e pequenos — vão inspirar designers africanos a desenvolver ideias cada vez mais criativas e ambiciosas e estimular especialistas em outros cantos do mundo a ser mais perceptivos e generosos, fomentando dentro das próprias comunidades profissionais maior diversidade e inclusão. Somente quando isso acontecer teremos certeza de que estamos aproveitando ao máximo os novos talentos no design de um lado ao outro do planeta.

Notas

1 A exposição *The Black Panther: The Revolutionary Art of Emory Douglas* foi apresentada no Museu de Arte Contemporânea de Los Angeles entre 21 out. 2007 e 24 fev. 2008.

2 A exposição *Emory Douglas: Black Panther* foi apresentada no New Museum de Nova York entre 22 jul. e 18 out. 2009. [N. E.: No Brasil, foi organizada a exposição *Todo poder ao povo!* sobre o trabalho de Douglas, com curadoria de Juan Pablo Fajardo, no Sesc Pinheiros (São Paulo) entre 9 mar. e 4 jun. 2017.]

3 Cf. o relatório do American Institute of Graphic Arts: *Where Are the Black Designers?*, aiga.org/resources/www.aiga.org/resources/where-are-the-black-designers.

Área de armazenagem no estúdio do designer industrial italiano Achille Castiglioni em Milão. O estúdio foi conservado intacto desde sua morte em 2002, e a Fondazione Achille Castiglioni transformou-o em um museu aberto ao público.

9.
A farra da feira

Vejo ao meu redor uma mania profissional de levar tudo muito a sério. Um dos meus segredos é fazer piada o tempo todo.

— ACHILLE CASTIGLIONI

Há muito a desfrutar numa viagem a Milão. Arte, comida, arquitetura maravilhosa. A não ser, claro, que você chegue durante os seis dias de abril em que centenas de milhões de designers, fabricantes, varejistas, curadores, colunistas e blogueiros invadem a cidade por causa da feira de móveis anual, o Salone del Mobile. Não significa que você não conseguirá ir a La Latteria ou ao estúdio de Castiglioni, só que eles estarão extremamente lotados — assim como os trens e os voos de ida e volta a Milão e os hotéis, cujas diárias terão duplicado ou talvez triplicado. E vai ser uma sorte achar um táxi ou um assento vago no metrô, pois o Salone é responsável pela semana mais agitada do ano no calendário global do design, e não só no de Milão.

Não é estranho que uma feira de móveis exerça tanto poder sobre todos os campos da cultura do design e não apenas em seu âmbito seleto? Até agora é o que o Salone tem feito, até pela escassez de concorrência. Mas por quanto tempo conseguirá sustentar esse sucesso numa época em que o exercício do design e a concepção que o público tem dessa atividade estão se tornando cada vez mais nuançados, e em que tantos outros desafios ao design — desde reconstruir serviços sociais disfuncionais até nos proteger contra os perigos potenciais da neurorrobótica — vão se mostrando mais importantes do que mesas e cadeiras, não apenas para os designers como para todos nós?

Quando o Salone foi criado, em 1961, Milão parecia o local perfeito para uma feira de móveis culturalmente ambiciosa. A cidade, então o centro comercial da indústria moveleira italiana, tinha contribuído de forma crucial para a recuperação econômica do país no pós-guerra. Isso foi alcançado comissionando designers talentosos — muitos dos quais haviam começado como arquitetos ou artistas — para misturar as habilidades artesanais históricas da região com os avanços tecnológicos recentes e desenvolver produtos de projeto impecável e visual sedutor.

A maioria dos 12 mil visitantes da primeira edição da feira era italiana, porém mais gente de cantos bem distantes afluiu para lá no decorrer dos anos 1960 e 70 para ver as inovações mais recentes de Gae Aulenti, Cini Boeri, Castiglioni, Joe Colombo, Enzo Mari, Alessandro Mendini, Ettore Sottsass e outros designers milaneses que tinham estabelecido laços estreitos com fabricantes locais de espírito empreendedor. No auge, essas parcerias — como a de Castiglioni com a Flos e a de Mari com a Danese — duraram anos e geraram projetos refinados que eram eficientes, cativantes e expressivos. Em 1972, o Museu de Arte Moderna de Nova York celebrou a sagacidade da indústria moveleira italiana em conjugar influência comercial e vitalidade cultural na exposição *Italy: The New Domestic Landscape* [Itália: a nova paisagem doméstica]. Curada pelo arquiteto argentino Emilio Ambasz, a mostra misturava produtos fabricados em série com projetos conceituais concebidos pelos grupos arquitetônicos de vanguarda Archizoom e Superstudio, de origem florentina, e outros participantes do movimento [italiano] Radical Design.

Aproximadamente uma década depois, na feira de 1981, cerca de 2 mil pessoas compareceram à galeria de arte Arc'74 para a abertura de uma exposição de móveis projetados pelo Memphis, um grupo de design formado havia poucos meses. As fotos de seus móveis com coloridos vibrantes, formatos extravagantes e simbolismo cartunesco foram publicadas em todos os cantos do mundo.

Um retrato em que Ettore Sottsass, o líder do grupo, aparece recostado com seus jovens colaboradores num lounge em forma de ringue de boxe projetado pelo arquiteto japonês Masanori Umeda também foi reproduzido em larga escala.

O Memphis foi uma autêntica criação milanesa. Apesar de os designers serem de nacionalidades diversas, os projetos eram incubados no apartamento de Sottsass na Via San Galdino e o mobiliário era montado por fabricantes locais. Contudo, o Memphis também foi um triunfo da percepção sobre a realidade. Do ponto de vista conceitual, não havia nada de novo. Sottsass tinha feito experiências com elementos da mesma estética nos anos 1970 quando trabalhou com Mendini e outros pioneiros do Radical Design. O Memphis tampouco foi um sucesso comercial: poucos projetos venderam mais que cinquenta peças. Só que a sua influência foi imensa. Ao condensar os princípios do Radical Design numa forma atraente e acessível ao público, o grupo popularizou a teoria do design pós-moderno, propagando-se não apenas em periódicos de design (como a revista *Domus*, dirigida por Mendini e tendo Sottsass como diretor de arte), como também nos meios de comunicação de massa. Arremedos do estilo Memphis logo surgiram em bares, hotéis e shoppings em todos os cantos do mundo.

No entanto, ao demonstrar o poder promocional do Salone de modo tão convincente, o Memphis sem querer o condenou à busca incansável de algo que causasse a mesma sensação. Nada nunca se igualou totalmente àquilo, apesar dos esforços intensos de debochadores midiáticos como o designer francês Philippe Starck, cujos golpes publicitários predominaram na cobertura da mídia sobre a feira ao longo dos anos 1980. Outra mostra estreante chegou mais perto em 1993, quando o grupo Droog exibiu uma abordagem mais branda e sutil: os trabalhos de Jurgen Bey, Tejo Remy e outros designers holandeses recém-formados tratavam o mobiliário como um meio conceitual em vez de comercial. (Entretanto, um membro do grupo, Marcel Wanders, tentou juntar as duas coisas e ainda superar Starck, ao posar com um nariz de palhaço vermelho em fotos e dar uma festa na Feira de Milão de 2005 em que sua namorada completava as taças de champanhe dos convidados e servia uvas enquanto se balançava de ponta-cabeça no lustre recém-lançado por ele).

Desde então, designers de produtos jovens e ambiciosos de todos os cantos do mundo lotam Milão em abril almejando impulsionar suas carreiras ao exibir seus trabalhos na feira. Já vi um casal de estudantes suíços montar uma mostra improvisada numa ilha de tráfego e um jovem designer de iluminação milanês, Federico Angi, fazer algo similar nas janelas da marcenaria de seu tio.

O Salone continuará a exercer o mesmo fascínio no futuro? Ele ainda é um colosso mercantil, com mais de mil estandes abarrotados nos salões cavernosos do centro de convenções Fiera Milano em Rho, a oeste da cidade. Pode ser exaustivo percorrer os salões, assim como penar pelas vias congestionadas de Milão para chegar aos eventos alternativos longínquos. Muitos deles acabam se tornando atrações promocionais aparentemente sem relação com movelaria ou design, e o Salone del Mobile já foi até apelidado de Salone del Marketing. Contudo, algo sempre faz os árduos deslocamentos de um lado ao outro de Milão valerem a pena, seja para achar um produto novo cativante ou para ver uma exposição enigmática — como as da Alcova, uma colaboração entre o estúdio de pesquisa Space Caviar e o Studio Vedét, que apresenta projetos de design experimentais em espaços obscuros espalhados pela cidade. Mesmo assim, o Salone já não tem o mesmo prestígio de antes.

A frequência cresceu com grande constância até fins dos anos 2000, quando o mercado imobiliário global veio abaixo com a crise de crédito. Fabricantes europeias proeminentes como Artek, Cappellini, Cassina, Flos, Poltrona Frau passaram para outras mãos. O número de visitantes do Salone caiu de cerca de 348,5 mil em 2008 para 278 mil no ano seguinte e, apesar de depois ter se recuperado aos poucos, somente em 2017 o total se aproximou do de 2008. Todavia, a presença da mídia em Milão continuou a crescer, fomentando o aspecto "Salone del Marketing" da feira e ao mesmo tempo redefinindo seu papel no âmbito da indústria moveleira, que cada vez mais a utiliza como uma vitrine para novas ideias. Quando a receptividade em Milão é positiva, os protótipos são convertidos em produtos, muitos dos quais são vendidos na feira de móveis imm cologne, realizada na Alemanha no mês de janeiro seguinte.

Os designers com frequência reclamam de que os fabricantes se precipitam ao lançar protótipos inacabados no Salone para conquistar a cobertura da mídia e reclamam novamente caso não sejam colocados em produção, como muitas vezes acontece. Mesmo quando são, os royalties que recebem costumam ser pífios: a maioria dos fabricantes ainda se recusa a pagar mais do que a taxa convencional de 3% dos tempos áureos de Castiglioni. Pouquíssimos designers podem esperar receber uma renda significativa proveniente de royalties, como ocorre com Edward Barber e Jay Osgerby, Ronan e Erwan Bouroullec, Nipa Doshi e Jonathan Levien, Konstantin Grcic, Hella Jongerius, Jasper Morrison, Starck e Patricia Urquiola. Mais improvável ainda é que o sucesso de sua visibilidade no Salone lhes renda comissões junto às grandes indústrias, a exemplo do projeto de design de Jongerius para as cabines das aeronaves da KLM.

A feira de móveis de Milão se tornou um daqueles eventos que têm grande visibilidade, porém são cada vez mais ambíguos — a exemplo do Hay Festival no País de Gales, da feira Art Basel de Miami Beach, na Flórida, e do Festival de Coachella, na Califórnia, que são sustentados tanto pela proeza promocional como pela importância em sua áreas (livros no caso do Hay, arte contemporânea no da Art Basel de Miami Beach e música no de Coachella). O problema é que o Salone enfrenta uma tensão cada vez maior entre seu papel oficial (de feira de negócios/bacanal com promoção de marcas) e seu papel extraoficial (de fórum de design).

Ambos os papéis eram sustentáveis no século passado, quando os móveis — e em especial as cadeiras — ocupavam mais espaço cultural do que outras aplicações do design, o que explica por que tantos museus da área estão abarrotados deles e por que as cadeiras são os itens que alcançam os preços mais altos nos leilões de design. Havia uma razão fundamental para isso. Numa época em que a inovação na área tendia a se concentrar em objetos físicos, a cadeira era um meio eloquente de traçar as mudanças em estética, tecnologia, demografia, política e outras esferas que influenciavam a maioria dos segmentos do design. O status cultural dos móveis também se fortalecia graças a seus elos com a arquitetura. Historicamente, toda vez que os arquitetos iam além do próprio campo de atuação e se aventuravam no design, o resultado quase sempre era uma cadeira. Com certeza foi por esse motivo que Walter Gropius, Le Corbusier, Mies van der Rohe, Hermann Muthesius e os outros arquitetos responsáveis por boa parte do discurso crítico sobre design na primeira metade do século XX deram tanta atenção a elas (ainda que vários deles delegassem a maior parte ou a totalidade do design de suas mobílias a colegas, com frequência mulheres — a exemplo de Le Corbusier com Charlotte Perriand e Mies van der Rohe com Lilly Reich). A mesma preocupação rondava os arquitetos convertidos em curadores que organizaram exposições pioneiras e acervos de design, como foi o caso de Philip Johnson no Museu de Arte Moderna de Nova York. Nesse contexto, como uma feira de móveis não exerceria uma influência tão ampla na cultura do design, especialmente uma feira de móveis associada a marcos como as estreias do Memphis e do Droog?

O apoio da próspera mídia do design de interiores também contribuiu para o sucesso do Salone. Como boa parte das receitas publicitárias desses veículos vinha dos expositores da feira, eles tinham interesse no sucesso permanente do evento. O problema é que, ao dominar a cobertura do design feita pela mídia, o Salone acabou reforçando o estereótipo do design como instrumento superficial estilístico pautado pelo consumismo.

Não foi o único a fazer isso. O mercado de feiras, galerias e leilões de "design/arte" também vem atuando nesse sentido, de modo igualmente inadvertido. Sempre houve discrepância entre o valor culturalmente percebido e o valor comercial da arte, só que esse hiato é ainda maior no design, por ser um setor menor, menos maduro e com menos colecionadores sofisticados e versados. O mercado especializado em design do século XX está repleto de aberrações — desde a venda de mobiliário e instalações removidas de prédios públicos projetados por Le Corbusier nas cidades indianas de Chandigar e Ahmedabad para colecionadores ocidentais desinformados (ou indiferentes) até a ironia cruel de Jean Prouvé ter sido adotado como o designer de móveis predileto dos supercapitalistas, tendo em vista que ele dedicou sua vida profissional a fazer projetos para as massas. Porém, o mercado contemporâneo está ainda mais distorcido e promove ainda mais distorções, já que em geral se associa a palavra "design" a móveis absurdamente caros e de visual impressionante que, muitas vezes, são inúteis. Não admira que a percepção do público geral acerca de um campo tão complexo como o design seja dominada pela cobertura da mídia sobre outra cadeira de projeto estrambótico que alcançou novo recorde num leilão.

Não se trata de um problema novo. No longínquo ano de 1967, o historiador de design britânico Reyner Banham já criticava aquilo que denominou "mobiliarização" ["*furniturization*"], num artigo da revista de ciências sociais *New Society*. "A área que mais sofreu com mobiliarização foi aquela logo abaixo do traseiro humano", afirmou Banham. "Verifique a área abaixo do seu neste instante. É provável que esteja apoiada em um objeto pomposo demais para a função para a qual foi designado, com mais requinte que desempenho e ainda por cima desconfortável."[1] Por mais disseminada que a mobiliarização fosse na época, isso só aumentou depois que a feira de Milão se transformou no Salone del Marketing na era pós-Memphis e que teve início a difusão do "design/arte" no fim dos anos 1990.

Em comparação, outros segmentos do design se tornaram cada vez mais atitudinais: diversos, ambiciosos, intelectualmente dinâmicos e politicamente engajados. Essa transição se evidencia no teor das mostras estudantis mais interessantes que são montadas em galpões de fábrica e almoxarifados desocupados na feira de Milão. Dez anos atrás, muitos estudantes pareciam decididos a seguir o exemplo de Wanders e se portar como mini-Starcks; hoje é mais provável que queiram apresentar contribuições significativas ao enfrentamento da crise climática ou redefinir a interpretação de gênero no design. Por que resolveriam dedicar a carreira a criar mais cadeiras e mesas, num momento em que tantas possibilidades mais interessantes se abrem para eles? O panorama do design se alterou de forma tão drástica desde a estreia do Droog (a de Memphis nem se fala) que é difícil imaginar desdobramentos futuros em matéria de móveis que poderiam exercer impacto cultural similar, especialmente quando as faculdades de design começam a mudar o enfoque dos cursos de longa extensão de design de produto para abordar assuntos atuais, como design social, contextual ou sustentável e arquitetura humanitária. No futuro haverá menos pessoas formadas em design de mobiliário, e é provável que elas se dediquem mais a conceber formas de nos ajudar a customizar cadeiras usando sistemas de fabricação digital avançados do que a propriamente desenvolver esses móveis.

Muitas exposições alternativas realizadas no Salone del Mobile exploram esses novos desafios ao design, a exemplo das experimentações do Alcova e das pesquisas da curadora finlandesa Anniina Koivu sobre produtos onipresentes como conexões ou garrafas de vinho. Só que uma feira de móveis não é necessariamente um fórum que tem empatia por essas exposições ou que as ajude em algo, e isso aumenta a possibilidade de que migrem para algum outro lugar. Assim como a imm cologne despontou como forte concorrente comercial de Milão, uma série de eventos culturais de pequeno porte, porém cheios de energia, vem se tornando cada vez mais influente no discurso sobre design — como as bienais de Ljubljana e Istambul, as semanas de Pequim e Viena e a cada vez mais popular Dutch Design Week de Eindhoven. A indústria moveleira também vem fazendo experiências com a dimensão cultural do design, principalmente no parque temático de arquitetura localizado na base fabril da Vitra em Weil am Rhein, na fronteira suíço-alemã, que conta com edificações projetadas por Herzog & de Meuron, SANAA, Alvaro Siza, Frank Gehry e pela falecida Zaha Hadid. Centenas de milhares de "turistas de design" visitam o local a cada ano para ver sua arquitetura e seus complementos intrigantes, entre os quais um jardim projetado por Piet Oudolf, um domo geodésico, um posto de gasolina projetado por Jean Prouvé e pontos de ônibus concebidos por Jasper Morrison, além das exposições no Vitra Design Museum.

Nenhuma dessas iniciativas, porém, atrai um público tão amplo nem tanta atenção da mídia europeia quanto a Milan Design Week — e nenhuma outra cidade tentou de fato assumir a hospedagem desse que é o principal festival anual de design, muito embora Eindhoven tenha alguma chance de fazê-lo caso a Dutch Design Week mantenha a força que tem hoje. De todo modo, já existem mais opções de locais, possivelmente mais condizentes, para acolher projetos de design polêmicos que não tenham participado da programação oficial do Salone del Mobile, mas que lhe conferiram bastante prestígio e vivacidade ao longo dos anos.

Nota
1 Reyner Banham, "Chairs as Art". *New Society*, 20 abr. 1967.

A discreta e elegante banqueta Georg, projetada por Chris Liljenberg Halstrøm para a Skagerak, também é um experimento de design em versatilidade de gênero sutil, porém eloquente.

10.
Escolhas, escolhas, escolhas

Depois da era da informação vem a era das escolhas.

— CHARLES EAMES

Quando Aimee Mullins tinha dezesseis anos, ganhou um novo par de pernas. Feitas de fibra de carbono trançado, eram mais leves e mais firmes do que as próteses de madeira e plástico de que ela vinha fazendo uso até então, além de serem mais fáceis de colocar, menos dolorosas de usar e mais firmes. Até aí tudo bem — só que aquelas pernas, projetadas para serem utilizadas tanto por homens como mulheres, eram revestidas com uma espuma grossa que vinha apenas em duas cores: uma denominada "caucasiana" e a outra "não caucasiana".

Isso foi em 1992. Hoje, Mullins tem diversas outras pernas para escolher. Dentre elas, há quatro pares de próteses cobertas com silicone, cada qual projetado para as especificações dela. Um deles é equipado com pés chatos e os outros três com pés moldados para se ajustar a sapatos com saltos de quatro, seis ou oito centímetros. No entanto, Mullins não vai precisar deles por muito mais tempo, já que suas pernas mais recentes possuem tornozelos ajustáveis. Para fazer caminhadas, ela usa membros de fibra de carbono *vertical shock pylon* (VSP para abreviar), equipados com amortecedores de impacto, e, para nadar, coloca um antigo par de VSPs que recebeu perfurações nos conectores para permitir que a água escorra pelas cavidades, com os antigos amortecedores de impacto substituídos por pés de pato. Essas são apenas as opções de próteses que ela tem à disposição em sua residência em Los Angeles.[1] Outras pernas projetadas especialmente para Mullins — entre elas a de poliuretano transparente que usou no filme *Cremaster 3* do artista Matthew Barney, de 2002 — estão cuidadosamente conservadas em acervos.

Dispor dessa ampla escolha de membros inferiores ajudou Mullins a construir uma carreira como atriz, modelo, atleta e ativista, mas sua maior parte só existe porque ela investiu tempo e energia em seu design e no convencimentos dos protéticos, engenheiros biomecatrônicos, designers, esteticistas e artistas com os quais colabora a também fazê-lo. Se Mullins tivesse aceitado as pernas padronizadas que lhe ofereceram — tendo como única opção as alternativas "caucasiana" ou "não caucasiana" –, sua vida teria sido bem diferente. Ao mergulhar fundo no processo de design, Mullins instintivamente desempenhou o papel de um designer atitudinal e garantiu seu direito a opções melhores e mais amplas, e seus experimentos não apenas fortaleceram ela mesma, como milhões de outras pessoas cujas próteses foram mais bem projetadas para satisfazer suas necessidades e desejos.

A escolha será um elemento característico do design no futuro. Com o aumento das sutilezas e singularidades de nossas identidades pessoais, vamos desejar escolhas cada vez mais complexas e nuançadas em relação a vários aspectos da vida, assim como se deu com Mullins. Também contaremos com mais ferramentas tecnológicas necessárias para isso. Para que o design consiga atender a nossas necessidades e vontades, precisará encontrar novos meios de entregar o que queremos, mesmo que isso implique alterações radicais na sua prática.

Até agora, muitas inovações importantes no design restringiram as escolhas — seja pelo modo como são fabricadas, seja pelo modo como são usadas. Não porque a escolha fosse considerada indesejável — muito pelo contrário –, mas com frequência era vista como dispensável diante de outras qualidades, como eficiência, rapidez, economia, conveniência e inclusão. Foi por esse motivo que a padronização teve papel tão importante na história do design.

Já no remotíssimo século III AEC, um fator decisivo para que Ying Zheng [ou Qin Shi Huang], o rei adolescente do obscuro Estado asiático de Qin, conseguisse derrotar seus vizinhos mais ricos e poderosos e fundasse o grandioso Império Chinês foi o padrão uniforme de seu armamento. Na época, as armas eram feitas à mão seguindo especificações diversas. Ying determinou que as lanças, os machados, os punhais e as flechas do seu exército fossem projetadas com moldes idênticos, todos concebidos para criar as armas o mais letais possível. Até então, se as flechas de um arqueiro acabassem, ele não conseguiria disparar as dos seus companheiros com o próprio arco. Tornar as flechas intercambiáveis resolveu o problema, e o exército formidavelmente eficiente de Ying venceu uma batalha atrás da outra.[2] A oficina do armeiro francês Honoré Blanc utilizou princípios de design similares no final do século XVIII. O jovem diplomata estadunidense Thomas Jefferson ficou tão impressionado quando visitou Blanc que apresentou um relatório incentivando as fábricas recém-construídas nos Estados Unidos a adotar o mesmo sistema.[3]

A padronização também foi utilizada para fins mais empáticos. Vejam os cemitérios dos povoados shakers criados na Costa Leste dos Estados Unidos depois que Mãe Ann Lee, a líder da seita radical quacre conhecida como Sociedade Unida dos Crentes na Segunda Aparição de Cristo [United Society of Believers in Christ's Second Appearing], ou shakers, fugiu para lá com oito seguidores em 1774, para escapar da perseguição política e religiosa na Grã-Bretanha. Os princípios de integridade, igualdade e humildade eram característicos da cultura shaker e foram usados para configurar os espaços físicos dos povoados. Porém, isso foi ainda mais pungente nos cemitérios, cujas lápides eram idênticas em tamanho e formato para seguir os valores de modéstia e equanimidade.

Fora dos enclaves autossuficientes dos shakers, o design padronizado se tornou um pilar da Revolução Industrial. Foi empregado até mesmo em escala artesanal por empreendedores artesãos, como David Kirkness, um marceneiro do arquipélago das Órcades, no norte da Escócia. Ele projetou quatro versões de uma cadeira tradicional da ilha, feita de pedaços de madeira flutuante e da palha restante do cultivo de sua principal colheita, a aveia. As armações de todas as quatro foram projetadas de modo a otimizar sua produção na oficina dele, enquanto os assentos e os encostos eram trançados por compatriotas ilhéus, sobretudo à noite, após o término das tarefas diurnas. Kirkness vendeu mais de 14 mil cadeiras orcadianas, uma delas ao artista Augustus John.

Até o início do século XX, os teóricos da administração, liderados por Frederick Winslow Taylor, defendiam a padronização de cada aspecto da fabricação, a começar pelo design.[4] Entre os devotos de Taylor estava o fabricante de automóveis Henry Ford, de Detroit. Ao constatar que a etapa mais demorada do processo de produção da Ford era aguardar a secagem da tinta, ele incentivou seus promotores de vendas a empurrar carros pretos aos clientes, já que o preto era a cor que secava mais depressa. Sua "promessa" de que "qualquer cliente pode escolher a cor de seu carro, desde que seja preta" tornou-se um slogan do modelo fordista de fabricação em série rigorosamente uniforme — que foi adotado em âmbito mundial no século XX e reforçado por regulações cada vez mais estritas de saúde e segurança.

Nem todos foram a favor. No decorrer dos anos 1950 e 60, os filmes do diretor francês Jacques Tati parodiaram o que para ele era a desumanidade da padronização e da globalização. Ao realizar o filme *Playtime*, de 1967, Tati gastou milhões de francos para montar uma cidade em miniatura nos arredores de Paris, com dois arranha-céus, uma usina elétrica e um trecho viário com semáforos, onde seu atordoado anti-herói Monsieur Hulot se perdia entre as edificações indistinguíveis. Quando a Tativille, como ficou apelidado o set, foi danificada por uma tempestade, ele se endividou para reconstruí-lo, mas o filme fracassou e o septuagenário Tati abriu falência.

Por mais desumano que seja, o design padronizado transformou a vida de bilhões de pessoas ao lhes oferecer produtos e serviços mais seguros, mais consistentes e mais confiáveis. Ganhou até mesmo a bênção do modernismo por proporcionar "o melhor para a maioria pelo mínimo", como afirmou Charles Eames. Mas nem tudo foi padronizado. Os ricos continuaram a ter coisas feitas sob medida, enquanto os pobres não tinham alternativa. Porém, em boa parte do século XX, as idiossincrasias eram vistas como um retrocesso a uma cultura pré-industrial de gente empobrecida e inculta. No início deste século, foi a vez de a uniformidade ser demonizada e associada na melhor das hipóteses à chatice, e, na pior, à exploração do trabalho e à destruição ambiental.

Não é difícil compreender por quê. Em primeiro lugar, é impossível desconsiderar a verdade trágica sobre os danos humanos e ecológicos causados pela industrialização, em especial após o ponto de inflexão de 2020, quando, pela primeira vez na história, a quantidade de massa antropogênica produzida pelas atividades humanas foi maior do que a da biomassa gerada pela natureza. Em segundo lugar, até as formas mais elementares de tecnologia digital nos possibilitaram ter mais escolha, seja navegando na internet conforme nossos próprios caminhos para obter informações dos websites que quisermos, seja escolhendo efeitos nos jogos eletrônicos, seja tornando mais interessantes nossos perfis nas redes sociais. Shows de talento e reality shows televisivos de transformação, bem como memes do TikTok, também nos ofereceram a perspectiva tentadora de nos transformar, como fizeram as propagandas de cirurgia plástica. Essas mudanças nos incentivaram a esperar mais escolhas em outros aspectos da vida, e a política da identidade pessoal se metamorfoseia à medida que os indivíduos reivindicam o direito de se representar como quiserem quanto à etnicidade, gênero e outros fatores de definição. Como nossa percepção de nós mesmos deve se tornar ainda mais fluida no futuro, o design precisa se adaptar para nos ajudar a expressá-la com clareza e segurança.

Alguns segmentos do design vêm fazendo isso com sucesso há séculos, mais especificamente aqueles, como a moda e as artes gráficas, que oferecem a possibilidade de customizar itens de forma fácil e barata para expressar qualquer coisa, desde preferências pessoais até preocupações políticas. Quando Sylvia Pankhurst foi encarregada de projetar a identidade visual do movimento sufragista britânico no início do século xx, sabia que muitas mulheres da classe operária não podiam comprar broches ou faixas. Sua solução foi escolher um código de cores como identidade: branco de pureza, roxo de dignidade e verde de esperança. As sufragistas abastadas compravam faixas ou alfinetes de chapéu daquelas cores para dar apoio financeiro ao movimento, enquanto outras podiam improvisar usando sobras de tecido ou fitas naqueles tons. Os ativistas em prol dos direitos civis dos afro-americanos empregaram táticas similares nos anos 1960 ao codificar sua aparência, desde a prática de deixar crescer os cabelos como afros naturais até a de vestir *dashikis*, as camisas folgadas originárias da África Ocidental feitas com tecido *kente* ricamente estampado. Cada elemento era escolhido com atenção para expressar a ideia de que o usuário recusava se pautar por estereótipos brancos e preferia honrar suas origens africanas. Por mais banais que possam parecer em comparação com essas lutas políticas, as mudanças recentes, tais como as das paletas de tons de pele nas cores de cosméticos e emojis, cada vez mais difundidas, dão contribuições modestas para estender o legado desses movimentos para o *mainstream*, possibilitando expressar uma gama de identidades tão eclética quanto possível.

Outros setores se mostraram mais difíceis de personalizar, sobretudo o design industrial, que depende de uniformidade para obter a economia de escala necessária para a fabricação de dispositivos digitais ou eletrodomésticos de cozinha. Vejamos como esses obstáculos podem ser superados num dos aspectos mais controversos da identidade pessoal nos dias atuais: o de gênero. Um dos meios de evitar estereótipos tradicionais, tais como produtos "masculinos" projetados para pessoas mais altas e mais fortes do que as "femininas", consiste em desenvolver objetos na forma de componentes que podem ser combinados de diversos modos, como melhor convier aos usuários. Os irmãos franceses Ronan e Erwan Bouroullec criaram exemplos engenhosos com seus assentos, telas, escritórios e cozinhas modulares, que podem adquirir novas funções e tornar-se maiores ou menores com a adição ou a remoção de componentes. Os Bouroullec não fazem design norteados por gênero, mas a flexibilidade dos seus projetos de produtos fabricados em série tangencia essa temática.

Muitos designers vêm abordando as questões de gênero diretamente, como a designer de móveis dinamarquês-sueca Chris Liljenberg Halstrøm, que cria objetos com estética neutra, aberta à interpretação de cada um. O processo de design de Halstrøm começa por visualizar como o produto será usado, sem consideração de gênero. Ela evita cores, formas e símbolos atraentes e demais sugestões visuais, já que com frequência isso nos leva a lugares-comuns. Em vez disso, usa a textura para caracterizar objetos, certa de que nosso tato está menos sujeito à classificação de gênero. A banqueta Georg, projetada por ela para a montadora de móveis dinamarquesa Skagerak, consiste numa almofada revestida com tecido ricamente texturizado presa por uma correia a uma base de madeira. Quem se sentar ali pode ajustar a almofada como quiser, e então descobrir o prazer de tocar o tecido e contrastar sua textura com a suavidade da madeira.

Nem todo mundo vai interpretar a banqueta Georg dessa maneira. O projeto recebeu vários prêmios nos setores convencionais do design em razão dos méritos de praxe — como uma peça de mobília resistente, confortável e elegante, e não por subverter estereótipos de gênero. A neutralidade também não é o único meio de projetar produtos que possibilitem interpretações de gênero mais flexíveis e ecléticas, como demonstra o ilustrador Mohammed Fayaz ao enfatizar as diferenças, sutis ou nem tanto, nas figuras das pessoas racializadas, queer e trans retratadas em peças para grupos ativistas como o Brooklyn

Liberation e para o New York City Anti-Violence Project. Dessa forma, Fayaz celebra as singularidades de cada indivíduo e com delicadeza estimula outras pessoas a valorizar as próprias especificidades.

Gabriel A. Maher, designer australiane, experimentou um enfoque similar nos seus projetos de pesquisa sobre novas modalidades de roupas e móveis que permitem a cada indivíduo decidir como interpretá-las, incentivando a contestação dos estereótipos de gênero. Os designers suecos dos apps de divertimento educativo para crianças Toca Boca fizeram o mesmo, procurando evitar estereótipos e apresentando representações de gênero flexíveis. Os clientes do salão de cabeleireiros Toca incluem personagens cis masculinos e cis femininos, além de alguns cuja identidade de gênero parece ser ambígua. O mesmo vale para os/as cientistas atuantes no laboratório Toca, que se apresenta de modo bem diferente da austeridade de um laboratório convencional, com vívidas cores pastéis e formas suaves e difusas. Até os textos que apresentam os jogos são escritos com um espírito libertador. Vejam a apresentação do jogo de condução dos carros Toca: "Apertem os cintos, pessoal! Nos carros Toca a gente faz o que parece certo. Não há regras nessas vias. Você pode atravessar grandes poças de sorvete, pular num lago ou construir uma enorme pilha de casas, semáforos e caixas de correio e seguir dirigindo".

Os saltos tecnológicos do futuro vão possibilitar que tenhamos mais escolhas em termos de design, o que nos confere a chance de personalizar objetos e ambientes. O principal catalisador será o desenvolvimento de sistemas de fabricação digital cada vez mais sofisticados e acessíveis, como os da impressão em 3D. À medida que essas tecnologias se tornem mais refinadas, conseguirão produzir objetos inteiros, ou partes de objetos, de forma tão rápida e precisa que poderão ser gerados em separado e personalizados com paletas de cores, texturas, acabamentos e formatos. Com isso, vão concretizar a visão da "personalização em série" apresentada pelos teóricos radicais do fim do século XX, como o ativista alemão Jochen Gros. Há um bom tempo a revista *The Economist* previu um futuro em que cada comunidade teria um estabelecimento próprio com impressora 3D onde os moradores poderiam criar novos objetos personalizados, além de consertar ou adaptar alguns existentes — assim como seus ancestrais faziam antigamente, ao levá-los ao serralheiro local.[5] Poderíamos então trocar portas de carros amassadas por portas idênticas impressas em 3D e definir maneiras de os detalhes dos objetos refletirem a dinâmica de nossas identidades de gênero, ou outros atributos, com a mesma facilidade como o fazemos com as roupas.

Será que queremos de fato exercer tantas escolhas? É simples compreender por que Aimee Mullins desejou próteses sob medida impressas em 3D ou por que alguém com artrite nas mãos se beneficiaria com um volante mais fácil de segurar, mas será que outras pessoas estarão dispostas a investir o mesmo esforço no design? Algumas não, assim como nem todo mundo gosta de cozinhar a própria comida ou costurar as próprias roupas. Contudo, a popularidade dos eventos de tricô, dos espaços comunitários de fazedores [*makers*], dos cursos de cerâmica, dos dispositivos do tipo "aprenda a programar" (a exemplo do minicomputador Raspberry Pi a 35 dólares) e dos aplicativos de edição de jogos digitais com baixa tecnologia, tais como o Twine, indica que outras estarão. O Twine já possibilita aos designers explorar questões extremamente pessoais nos seus jogos — como as identidades de gênero, tema característico de *All I Want Is For All Of My Friends To Become Insanely Powerful* [Tudo o que eu quero é que meus amigos se tornem incrivelmente poderosos],[6] de Porpentine, e *Space Alleviator* [Aliviador do espaço], de Taylor Chance.[7]

Caso cada vez mais gente se envolva com o design, o que isso representará para os designers? Alguns continuarão a atuar de maneira tradicional, mas outros vão redefinir seus papéis para nos ajudar a tomar decisões, em vez de tomá-las em nosso lugar. Também é preciso, e isso é fundamental, que aprendam a atuar como guias no que diz respeito ao processo projetual. Numa época de escolhas aparentemente ilimitadas, selecionar as que sejam certas será mais importante do que nunca.

Notas

1 Entrevista da autora com Aimee Mullins, 1 out. 2021. A atriz, modelo e atleta estadunidense Aimee Mullins estabeleceu três recordes mundiais nas Paraolimpíadas de 1996 em Atlanta, Georgia, nas categorias de cem e duzentos metros rasos e salto em distância. Ela nasceu sem fíbulas em ambas as pernas, que foram amputadas abaixo do joelho em seu primeiro ano de vida. Como modelo, trabalhou com o falecido estilista britânico Alexander McQueen. Também exerceu uma colaboração próxima com o artista Matthew Barney, atuando em vários de seus filmes, entre os quais *Cremaster 3* (2002) e *River of Fundament* (2014). Participou de longas-metragens e séries de TV, como *Stranger Things* (2016-17) e *Devs* (2020).

2 Robin D. S. Yates, "The Rise of Qin and the Military Conquest of the Warring States", in Jane Portal (org.), *The First Emperor: China's Terracotta Army*. London: The British Museum Press, 2007, p. 31.
3 John Heskett, *Industrial Design*. London: Thames & Hudson, 1980, p. 50.
4 Frederick Winslow Taylor, *The Principles of Scientific Management* [1911]. New York: Dover Publications, 2003.
5 "Print me a Stradivarius". *The Economist*, 12 fev. 2011.
6 Laura Hudson, "Twine, the Video-Game Technology for All". *The Nova York Times*, 19 nov. 2014.
7 Cf. youtu.be/AQxdNbzTn3E.

O Snoo Smart Sleeper foi projetado pela Fuseproject e pelo pediatra Harvey Karp como um berço que emprega inteligência artificial e sensores para monitorar e ninar bebês.

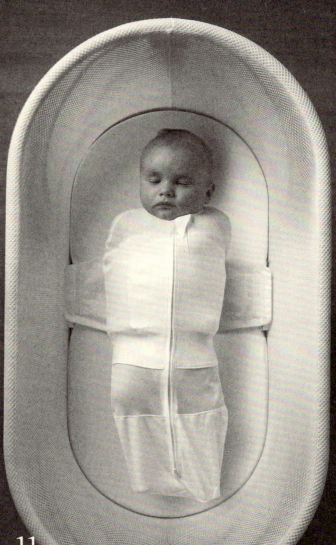

11.
Fora de controle

Lamento, Dave, mas receio não poder fazê-lo.

— HAL 9000, *2001: Uma odisseia no espaço*, 1968.

Por mais desconcertante que possa parecer a qualquer um que sofra com os atrasos, os vagões superlotados, os elevadores quebrados e demais deficiências do metrô de Londres nos dias de hoje, ele já foi considerado um modelo de design moderno. Sob a gestão de Frank Pick, seu diretor administrativo visionário, o metrô londrino não só apresentou aos passageiros a arquitetura e as artes gráficas modernistas no início do século XX, como também foi pioneiro em inovações mecânicas, como as máquinas automáticas de venda de passagens, escadas rolantes e portas de vagões pneumáticas. O único problema dessas engenhocas era que muitos passageiros tinham medo de usá-las.

Pick e seus colegas ficaram tão preocupados que, em 1937, incumbiram László Moholy-Nagy de projetar cartazes para esclarecer por que as novas geringonças não eram tão assustadoras quanto as pessoas temiam. Depois de fugir da Alemanha nazista por causa da repressão, Moholy-Nagy, na condição de imigrante, viu-se rebaixado a ganhar a vida em Londres com serviços de design comercial desse tipo. Um de seus cartazes trazia o título tranquilizador "Pela escada rolante se chega mais depressa" acima da ilustração de uma escada rolante com degraus de madeira e detalhes em corte transversal que revelavam o maquinário interno do que acontecia quando a escada "iniciava a descida" e estava "em processo de descida". Um texto curto descrevia como tudo funcionava.

"Pela escada rolante se chega mais depressa" cumpria um dos mais importantes papéis do design, embora muitas vezes despercebido: o de nos ajudar a nos adaptarmos a mudanças na logística do cotidiano, dissipando nossos medos. Outra encomenda inspirada de Pick, a do mapa diagramático do metrô londrino, traçado por Harry Beck

11. Fora de controle

em 1933, possibilitou que os passageiros confusos se orientassem na malha intrincada de forma mais eficiente do que poderiam fazer com um mapa geográfico. De modo similar, o cartaz projetado por Moholy-Nagy encorajava o público a subir da plataforma até a saída numa escada rolante com tranquilidade, sem medo de cair ou se enroscar no maquinário. Ambos os projetos davam confiança para que as pessoas adotassem as inovações potencialmente atemorizantes, tornando-as palatáveis.

O controle ainda é um tema de importância crucial para o design nos dias de hoje, ainda que a nossa relação com ele esteja mudando de forma radical. Muitas das tecnologias que usamos na atualidade são tão potentes e complexas, e serão ainda mais no futuro, que qualquer tentativa de nos convencer de que podemos controlá-las seria em vão. Na era da computação neuromórfica, da computação quântica, da bioinformática, da fotônica, da realidade aumentada, da inteligência artificial, da "cloudificação", das cidades inteligentes e de outros avanços que prometem tomar cada vez mais conta de nossas vidas, o novo desafio ao design consiste em nos tranquilizar quanto ao fato de que o controle que vão exercer sobre nós será mesmo proveitoso e de que as mudanças serão para o bem e não para o mal.

Para alcançar isso, será necessária uma transição estrutural na cultura do design, pois propiciar a sensação de controle foi a mola propulsora de muitíssimas conquistas anteriores dessa área. Vejam as convenções de sinalização, que possibilitaram que motoristas dirigissem com velocidade e de forma segura nas rodovias recém-construídas, como as que Jock Kinneir e Margaret Calvert projetaram na Grã-Bretanha entre o final dos anos 1950 e os anos 1960,[1] e ajudaram os passageiros a percorrer o traçado labiríntico dos aeroportos recém-inaugurados.[2] Vejam ainda os softwares de interfaces de usuários, por meio dos quais operamos automóveis, toca-discos, televisores, computadores e smartphones. Quando feito de forma inteligente, o design possibilitou que milhões de pessoas superassem o medo do novo. Caso o projeto fosse incompetente, as consequências poderiam ser exasperantes, como constata o desafortunado Monsieur Hulot, de Jacques Tati, ao visitar a residência ultramoderna de seu irmão no filme *Meu tio* [*Mon Oncle*], de 1958. Uma a uma, as engenhocas futurísticas da casa começam a degringolar, desde o incontrolável portão eletrônico da garagem que abre e fecha sem explicação até as geringonças de cozinha, inescrutáveis.

Os designers muitas vezes procuraram nos fazer aceitar coisas novas mimetizando outras já familiares. O revestimento de madeira da escada rolante no cartaz de Moholy-Nagy serviu de exemplo precoce, pois disfarçava aquela máquina novíssima de escada tradicional de madeira. O mesmo explica por que digitamos comandos computacionais em teclados com disposição "qwerty" à maneira de máquinas de escrever antiquadas, ou porque os aplicativos de tantas telas de smartphone e tablet apresentam imagens de livros, câmeras, cartas e outros objetos análogos ameaçados de extinção.

Hoje os designers precisam desenvolver novas estratégias, só que nos tornamos tão competentes em decodificar as velhas que elas estão se tornando menos eficazes. O debate acalorado em torno do mimetismo indica que muitas pessoas já estão tão confiantes no uso de dispositivos digitais que não só consideram essas analogias supérfluas, como também sentem sua inteligência menosprezada ao ver um envelope de papel indicando o app de e-mail e um fone convencional sinalizando a função telefônica num celular pretensamente de última geração.

Nossa reação diante de estratégias de design que antes conseguiram nos ajudar a lidar com situações de risco, como transitar de carro ou bicicleta, também está mudando. Por que há menos acidentes de trânsito agora que placas, faixas de sinalização, lombadas e outros recursos para "organizar o tráfego" foram removidos? Será porque, ao se desfazerem da ilusão de que o trânsito é seguro, os motoristas tendem a desacelerar e a ficar mais atentos? E por que em centros urbanos ocorrem mais acidentes em semáforos do que em outras partes? Uma das hipóteses é de que motoristas e ciclistas se acostumaram tanto com eles que se concentram nos faróis, não no trânsito, e presumem — nem sempre corretamente — que todos os outros também seguem as regras.

Algumas das reações mais construtivas a esse problema vieram do empenho do engenheiro de tráfego holandês Hans Monderman nos anos 1980 e 90. Certo de que estimular motoristas a empregar o bom senso e a inteligência tornaria o trânsito mais seguro do que um arsenal de placas, Monderman utilizou sua experiência como engenheiro civil e perito em investigação de acidentes para planejar o que qualificou como "ruas peladas", desprovidas de controles, e "espaços compartilhados". Suas experiências nos Países Baixos conseguiram reduzir as infrações de limite de velocidade, os congestionamentos e os acidentes, e desde então foram reinventadas com resultados semelhantes no design de novas "ruas peladas", tais como a Sonnenfelsplatz, na cidade austríaca de Graz, e a

Exhibition Road, perto do Victoria & Albert Museum de Londres (confissão: fico tão desnorteada com a ausência de controles de tráfego na Exhibition Road que dirijo ali com muito mais cautela do que numa rua convencional).

Empoderar os indivíduos a recuperar o controle pode ser uma estratégia de design eficiente quando se trata de segurança no trânsito (nem que seja apenas por enquanto), mas não quando se trata de nos estimular a aderir à onda mais recente de tecnologias transformativas. Coisas que pareceriam fantasiosas há apenas dez anos já estão em todos os lugares, desde objetos interconectados na "Internet das Coisas" até drones de vigilância. Durante décadas, o aumento na capacidade de processamento computacional norteou os avanços nesse setor, mas o enfoque tem recaído cada vez mais no design de softwares mais inteligentes, como os programas de *deep learning* [aprendizagem profunda], que usam inteligência artificial para emular o funcionamento do cérebro humano. Um exemplo é o programa AlphaGo, que foi projetado pela empresa britânica de desenvolvimento de softwares DeepMind para jogar o jogo de tabuleiro Go e que derrota regularmente jogadores humanos de destaque. Os softwares de aprendizagem profunda também auxiliam computadores a reconhecer faces e vozes, a traduzir idiomas e a prever como indivíduos vão reagir a modalidades distintas de conteúdo da internet, bem como a fazer suposições sobre questões bastante pessoais, como nossas preferências sexuais.

Os novos tipos de computadores usarão mecânica quântica ou tecnologia neuromórfica muitíssimo sofisticada, modelada com base nos neurônios de animais para fazer cálculos cada vez mais rápidos. Chips especialíssimos serão projetados para proporcionar computadores mais refinados e precisos. A intensificação da conectividade também contribuirá para isso, movida pelo crescimento contínuo da computação em nuvem e por desdobramentos futuros dos sistemas wireless.

O prognóstico a respeito dessas inovações é incerto. Algumas podem nos dar maior controle por oferecerem maiores possibilidades de escolha — como morar em lugares remotos sem nos preocupar com acesso a atendimento de saúde, já que poderíamos recorrer a dispositivos interconectados como o app de Sehat Kahani. Por outro lado, parece certo que outras tecnologias vão resultar na renúncia ao controle sobre boa parte da vida, com consequências potencialmente catastróficas, caso deem errado em razão de defeitos de projeto ou de quaisquer outras deficiências.

Vejamos uma inovação cuja implementação é iminente: carros autônomos. De que modo vamos encará-los? Como algo que nos liberta da chatice de ficar presos nos congestionamentos? Ou como algo que nos nega o prazer de dirigir em alta velocidade numa estrada livre? Será que os veremos como algo capaz de nos proteger do risco de acidentes causados por motoristas bêbados, imprudentes, exaustos ou malucos? Ou como sujeitos à ameaça de ser hackeados por terroristas e usados como dispositivos explosivos com controle remoto? E o que dizer das consequências sociais e econômicas decorrentes do fato de que centenas de milhares de motoristas vão perder o emprego?

Os possíveis riscos de abdicar do controle sobre o deslocamento de veículos são tão graves que fica mais do que claro que as estratégias de design paternalistas do passado são inadequadas nesse caso. O cenário ideal seria aquele em que o design desempenhasse um papel elementar no desenvolvimento de carros autônomos, desde a etapa mais inicial possível, para garantir que os eventuais riscos e benefícios fossem detectados e avaliados de forma correta. Igual ponderação vale para o design de quaisquer outros elementos das malhas viárias, desde a estrutura das vias e das novas medidas de segurança para pedestres até testes regulares para assegurar que, em caso de falhas tecnológicas, os seres humanos pudessem retomar o controle dos veículos e dirigi-los com segurança. O design também poderia ser útil para identificar meios de realocar os motoristas desempregados.

Serão necessários exercícios de design igualmente abrangentes para nos dar confiança de ceder o nosso controle a outras tecnologias. Os drones de vigilância vão ajudar a melhorar a segurança, aumentando a probabilidade de prever e prevenir ataques terroristas e outros crimes? Ou representarão mais uma ameaça à nossa privacidade e liberdade? Os sistemas digitais que administram as casas inteligentes [*smart homes*] vão nos libertar dos afazeres cotidianos? Ou vão nos expor a riscos maiores de roubo de identidade e pane no sistema? Será que algum dia nos sentiremos seguros o bastante para confiar em que a inteligência artificial fará bons julgamentos críticos em nosso nome quando se tratar de assuntos pessoais urgentes, tais como os relativos à saúde, ou de decisões políticas importantes, como a alocação de verbas e recursos governamentais? E como garantir que jamais se faça mau uso dos dados pessoais captados por essas tecnologias?

Há muitos motivos para nos sentir apreensivos. Basta ver a inteligência artificial (IA), que já comprovou ser útil para executar tarefas práticas, da montagem de automóveis e a colheita de amoras até a condução de procedimentos cirúrgicos. Mas ela também propiciou a criação de instrumentos de violações de direitos humanos aterrorizantes em sistemas de vigilância, que podem ser explorados por regimes repressivos, além de trazer inúmeros problemas interseccionais que requerem soluções de design urgentes. Alguns deles são mais que evidentes, ao passo que outras questões, possivelmente mais ameaçadoras, são menos visíveis. A imprecisão da IA é alvo de queixas frequentes. As consequências variam da inconveniência do envio de uma encomenda ao endereço errado por parte de um centro de triagem e distribuição robotizado até o pesadelo de prisão ou detenção injusta de qualquer pessoa que seja identificada erroneamente por um sistema de vigilância biométrico. Tal como Kate Crawford explica em *Atlas of AI*, de 2021, uma causa constante de erros é o uso de dados existentes para programar e testar softwares de IA, que então perpetuam valores e comportamentos históricos, como o racismo e o sexismo sistêmicos.[3] Por isso é mais provável que as pessoas identificadas com precisão por softwares de vigilância biométrica sejam homens brancos cis, cujos dados predominam nos bancos de dados. Qualquer variação em matéria de cor, gênero, estilo ou até mesmo pelos faciais aumenta a probabilidade de identificação errônea.

A escala do risco tecnológico vem se alterando drasticamente: desde o portão de garagem disfuncional em *Meu Tio*, de Jacques Tati, até a figuração distópica de um computador quase onipotente que se volta contra nós, como fez HAL 9000 no filme *2001: Uma odisseia no espaço*, de Stanley Kubrick, de 1968. HAL 9000 passa a agir por conta própria, com consequências devastadoras, após empregar inteligência artificial para fazer leitura labial de uma conversa em que dois astronautas cogitam reduzir a capacidade do computador. A analogia com a espaçonave de *2001* parece particularmente pertinente quando ponderamos o quanto defeitos similares de programação poderão se tornar destrutivos à medida que a tecnologia passe a controlar cada vez mais aspectos da vida. Os riscos serão maiores para os ocupantes dos vastos territórios sob controle digital nas cidades inteligentes — ainda mais porque muitos dos sistemas projetados para operar esses lugares se basearão em dados fornecidos por programas Quantified Self, que preveem nossas futuras necessidades e vontades segundo um exame do nosso comportamento no passado. Isso suscitará o risco de reiterar os problemas atuais causados pela IA, só que em escala bem maior e com consequências ainda mais nocivas. Mais grave ainda é a ameaça das armas autônomas que estão em acelerado desenvolvimento, bastando ver os sistemas controlados por IA já em uso em conflitos militares. É o caso, por exemplo, do sistema de interceptação de mísseis utilizado em todos os conflitos militares pelo mundo, desde a invasão de Israel a Gaza até a guerra da Rússia contra a Ucrânia, e que tem se mostrado muitíssimo eficaz em detectar, rastrear e desviar mísseis em zonas de batalha. Por mais potentes e precisos que possam ser em circunstâncias estáveis, com boa iluminação e tempo firme, os interceptores de mísseis, assim como outras armas autônomas, podem perder precisão em circunstâncias voláteis ou ao deparar com locais ou pessoas que não constem de seus bancos de dados.[4] Nesses casos, haverá risco de que o sistema confunda edificações civis com infraestrutura militar e que deixe de detectar forças inimigas. Também existe o temor de que os políticos, ao considerarem a robótica mais descartável do que os seres humanos, se sintam mais dispostos a declarar guerra — livres da ameaça de protestos públicos contra as mortes de militares em combate — em vez de buscar meios de resolver as disputas sem recorrer à violência.

Em princípio, o design pode nos ajudar a neutralizar essas ameaças ao avaliar os potenciais pontos fortes e fracos das novas tecnologias poderosas, mas ele também deve enfrentar os dilemas morais que elas acarretam. Um exemplo é algo que já existe: o Snoo, um "berço inteligente" projetado pela Fuseproject, empresa de design sediada em São Francisco, em colaboração com Harvey Karp, proeminente pediatra estadunidense. O Snoo combina sensores, robótica e outras formas de inteligência artificial para acalmar bebês e fazê-los dormir ao monitorar seu comportamento, fazendo sons ou balançando conforme necessário. Também se destina a reduzir o risco de morte súbita no berço ao manter os bebês em posições de sono seguras, prevenindo que se virem e sufoquem. Yves Béhar, o designer suíço que fundou a Fuseproject, confia tanto no Snoo que fez os próprios filhos dormirem nele quando bebês, e o produto é um sucesso comercial retumbante. Só que nem todos acham que ditar os padrões de sono de uma criança por meio de inteligência artificial seja algo saudável.

Logo após o lançamento do Snoo, fiz uma postagem sobre ele no Instagram, explicando como era e para que se destinava, o que desencadeou um debate apaixonado. Algumas pessoas adoraram a ideia e o qualificaram como "fantástico" e "brilhante", e alguém desejou que "o tivessem inventado anos atrás". Outras o consideraram "cruel", "medonho", "assustador" e até mesmo o acusaram de "abuso de crianças". Os admiradores do Snoo apreciaram a ideia de usar tecnologia para ajudar bebês a dormir profundamente, mas seus críticos se horrorizaram com essa perspectiva. Alguns, duvidando de que a tecnologia possa cuidar de bebês tão bem quanto seres humanos, ficaram indignados com os possíveis desdobramentos. Outros evocaram lembranças felizes de ninar seus bebês e acharam que seria um equívoco os cuidadores negarem esse prazer a si próprios e a seus filhos. Muitos detratores do Snoo ficaram preocupados com a possibilidade de que os berços robóticos estimulassem descuidos da parte dos pais. Ao introduzir o uso de inteligência artificial no cuidado de crianças, assunto em que os ânimos compreensivelmente se exaltam, o Snoo se mostrou um enorme divisor de opiniões. Não por acaso, nem os *Snoofilos* nem os *Snoofobos* mencionaram outra possível vantagem de se usar um berço robótico: proteger os bebês do risco de serem cuidados por pessoas cansadas, doentes, bêbadas, malucas, ineptas ou negligentes. Por outro lado, a probabilidade de nos proteger das consequências dos mesmíssimos problemas costuma ser apontada como um benefício potencial significativo dos carros autônomos. Pode ser que as aplicações futuras de outras novas tecnologias se mostrem tão polêmicas quanto o Snoo, levando-nos a questionar nossas opiniões, o modo como desejamos viver e o grau em que desejamos que a tecnologia controle nossa vida.

Esses conflitos serão intensificados pela preocupação crescente com as diretrizes da indústria tecnológica, mais especificamente com a concentração de plataformas essenciais na mão de empresas riquíssimas, entre as quais Amazon, Apple, Meta, Google e Microsoft, chamadas pelo escritor de ficção científica estadunidense Bruce

Sterling de "The Stacks" [As pilhas].[5] Foi necessário um pouco mais que um quarto de século para que a World Wide Web se metamorfoseasse, passando da visão de seu designer, Tim Berners-Lee, como um sistema democrático ao qual todo mundo tivesse igual acesso — desde uma grande corporação até uma criança de seis anos — para um fenômeno cada vez mais opaco, ao qual menos de um quinto tem acesso livre e o restante se encerra atrás das paredes algorítmicas das Stacks ou é apropriado pela dark web ilegal. A posse das tecnologias de armazenamento dos dados em nuvem — que vêm fomentando o aumento da conectividade — é dominada por apenas seis empresas: Amazon, Google e Microsoft, dos Estados Unidos, e Alibaba, Baidu e Tencent, da China. A Amazon sozinha possui mais de um terço de toda a capacidade da computação em nuvem do mundo.

Por mais assustadores que sejam esses problemas, eles também apresentam oportunidades para que o design demonstre o potencial de enfrentar questões complexas colaborando com outras especialidades, num momento em que os designers progressistas se empenham em enfrentar esses desafios e atuar de forma mais eclética e inclusiva. Quem duvida do bom senso do design no desenvolvimento de novas tecnologias desde o princípio deve considerar a controvérsia que se deu quando, em 2016, o projeto de uma pistola para impressão em 3D foi postado na internet por um estudante de direito e ativista anticontrole de armas estadunidense, Cody Wilson. Seu objetivo era demonstrar a inutilidade das restrições legais à posse de armas numa época em que é possível montar armas não licenciadas em sigilo com tecnologias que, em breve, se tornarão amplamente acessíveis. De maneira bastante inadvertida, ele também deu uma lição sobre o perigo das tecnologias projetadas de modo descuidado, cujas consequências não foram levadas em conta de forma integral, assim como Kubrick fez com HAL.

Notas

1 Christopher Breward e Ghislaine Wood (org.), *British Design from 1948: Innovation in the Modern Age* (catálogo). London: V&A Publishing, 2012, pp. 87-89.
2 Entre os mais influentes exemplos de design de sinalização de aeroportos do final do século XX estão o trabalho do designer suíço Adrian Frutiger no Aeroporto de Roissy (atual Aeroporto Charles de Gaulle), nos arredores de Paris, e o do designer holandês Benno Wissing, que em 1962 foi incumbido do design da sinalização do Aeroporto Schiphol de Amsterdã. Em meio ao projeto para o Schiphol, Wissing formou um grupo de design multidisciplinar, o Total Design, com o designer gráfico Wim Crouwel e o designer industrial Friso Kramer.
3 Kate Crawford, *Atlas of AI*. New Haven: Yale University Press, 2021.
4 Arthur Holland, *Known Unknowns: Data Issues and Military Autonomous Systems*, 17 mai. 2021, UNIDIR, Genebra.
5 "State of the World 2013: Bruce Sterling and Jon Lebkowsky". *The WELL*, n. 459.

Linha de montagem do Fairphone, smartphone modular projetado pela empresa social holandesa homônima objetivando o máximo possível de responsabilidade ética e ambiental.

12.
Design e desejo

Tem muito design de merda.

— HELLA JONGERIUS, *Design Indaba*, 2015.

Era uma mala, infelizmente não muito bem-feita, foi o que constatou o Consumer Advisory Council [órgão de assessoria ao consumidor] depois de encaminhá-la a sete testes no British Standards Institution [órgão britânico de instituição de normas], que a avaliou como "ruim" em cinco deles. Após uso rotineiro, não só ela deixava entrar água como o forro se rasgava, os componentes de metal enferrujavam e a alça se desprendia. Por que então, indagou o crítico de design Reyner Banham em um número de 1961 da revista *New Statesman*, o Council of Industrial Design (CID), órgão financiado pelo governo para arbitrar sobre a qualidade dos projetos, decidiu aprovar um produto tão cheio de defeitos?[1]

A resposta, sugeriu Banham, era que o CID baseava suas avaliações em critérios estéticos, sem averiguar atributos mais importantes como eficiência e confiabilidade. Evidentemente, isso era um erro, até porque, como ressaltou Banham, "porcaria de bom gosto continua sendo porcaria".[2] Sábias palavras, que parecem ainda mais sábias após mais de meio século. Porcaria de bom gosto, de fato, continua sendo porcaria — se bem que o nosso entendimento do que pode ou não ser considerado de bom gosto está mudando de modo radical, e isso também vale para o que consideramos ou não porcaria.

Quais as implicações disso para o design e para o que achamos desejável — e o que não achamos? No decorrer da história, a definição de design desejável se formou como resultado de uma combinação de atributos, mas a opinião sobre quais eles são e como se relacionam mudou com frequência. Transições similares em matéria de gosto ocorreram em outros setores, mas o ritmo da mudança no campo do design tem sido especialmente frenético, e em breve ficará ainda mais.

Um atributo até hoje essencial à noção de design desejável é a utilidade. Caso um projeto não cumpra sua função de forma eficaz, por que o acharíamos atraente? Não acharíamos, apesar de seus outros possíveis méritos, motivo pelo qual as impressoras digitais costumam liderar as listas de produtos que as pessoas mais querem destruir nos "*rage rooms*"[3] pelo mundo. E vejamos um exemplo de tranqueira de bom gosto duvidoso: o ônibus híbrido de dois andares Boris Bus, projetado pelo Heatherwick Studio de Londres. Apresentado em 2012, foi anunciado como o "novo Routemaster", como uma reinvenção dotada de eficiência energética do querido ônibus Routemaster [mestre das rotas] de 1954, que circulou em Londres por décadas. Thomas Heatherwick e seus colegas estilizaram o novo veículo — cujo apelido inteligente era uma menção ao então prefeito londrino Boris Johnson –, adicionando referências estilísticas afetivas ao Routemaster sem comprometer sua modernidade. Infelizmente, não se pode dizer o mesmo da qualidade de sua mecânica: as ruas de Londres logo ficaram entulhadas de Boris Bus quebrados e outros tiveram de rodar movidos a diesel, causando dano ambiental, porque suas baterias pifaram. Do mesmo modo que seu xará burlesco, o Boris Bus — ou "Roastmaster" [mestre da torrefação], como os azarados passageiros o apelidaram depois de quase morrerem de calor no andar de cima superaquecido — não conseguiu cumprir suas promessas gloriosas.

Mesmo que um projeto desempenhe sua função com eficácia, só pode ser considerado desejável se fizer algo que valorizemos. Lembram-se do Google Glass? É provável que não, apesar de ele ter sido um dos lançamentos mais propagandeados dos últimos anos. A Google ficou tão fascinada com o que acreditava ser uma tecnologia incrivelmente inovadora — um questionável par de óculos com um acessório de smartphone controlado por comandos de voz — que achou que também ficaríamos. Um dos problemas era que o Google Glass não possibilitava que fizéssemos muito mais do que já podíamos fazer com celulares. Outro era o atoleiro de questões jurídicas em potencial, como saber se filmar outras pessoas sem permissão constituía violação de privacidade. O Google Glass foi tão ridicularizado que seus portadores passaram a ser chamados de "Glassholes" [babacas de óculos]. As vendas foram pífias e a Google encerrou a produção dos óculos em menos de dois anos.[4]

Outro atributo vem recentemente se aliando à utilidade como uma qualidade inegociável do bom design: a integridade. Em outras palavras, se tivermos algum motivo para nos sentir desconfortáveis com as implicações éticas ou ecológicas de qualquer aspecto de um projeto — desde o desenvolvimento, a testagem e a fabricação até o marketing, a distribuição, as vendas e por fim o descarte e a reciclagem –, será improvável que o consideremos desejável.

Graças à estilização inspirada de Flaminio Bertoni e à engenharia exímia de André Lefèbvre, um antigo Citroën do modelo DS 19 nos parece tão cativante atualmente como quando Roland Barthes o apelidou *la déesse* após seu lançamento em 1955, visto que a pronúncia francesa das letras "d" e "s" soa de forma semelhante à da respectiva palavra para "deusa". Só que qualquer prazer que poderíamos ter com o DS 19 hoje se estraga quando sabemos que um carro daquela época provavelmente representa no presente uma bomba-relógio ambiental.

Isso vale para quaisquer novos veículos que possam ter menor eficiência energética do que deveriam (embora provavelmente nenhum venha a ser tão atraente quanto *la déesse*, com sorte...) e para dispositivos eletrônicos cujos fabricantes tenham sido acusados de abusos empregatícios ou deslizes ecológicos. Depois de ler os noticiários sobre as condições de trabalho perigosas e mal remuneradas nas fábricas de empresas chinesas subcontratadas pela Apple, por exemplo, como podemos olhar para um iPhone ou iPad com o mesmo otimismo ou entusiasmo? Mesmo que acabemos comprando um ou outro — seja porque supomos que os concorrentes da Apple não sejam nem mais nem menos éticos, seja porque achamos inconveniente trocar de marca –, é improvável que a engenhoca continue se mostrando tão atrativa quanto antes, por causa das nossas dúvidas quanto à sua lisura. Por outro lado, o prazer de usar um smartphone produzido de forma sustentável, como um Fairphone, é íntegro e isento de concessões.[5]

Outros projetos de design têm a integridade comprometida por falta de discernimento. A indústria da moda é particularmente propensa a isso. A Burberry provocou alvoroço nas redes sociais ao exibir um moletom com uma corda amarrada em formato de nó de forca num desfile em 2019; isso também se deu com a Givenchy ao apresentar um colar com o mesmo símbolo ofensivo em 2021.[6] A Mattel foi malhada por conta do design incoerente de uma boneca de Frida Kahlo da coleção de Barbies "Inspiring Women", lançada no Dia Internacional das Mulheres [de 2018]. Kahlo foi uma excelente escolha, por ser uma artista mexicana influente que enfrentou com coragem as sequelas físicas de um acidente e contestou preconceitos de gênero e etnia ao se recusar a raspar sua monocelha e enaltecer sua procedência étnica usando trajes de tehuana. Só que a Barbie de Frida não tinha monocelha nem sinais de sequelas e era vestida com roupas europeizadas. Os herdeiros da artista processaram a Mattel, que teve de suspender a comercialização da boneca até que o projeto fosse aprovado por eles.[7]

A ética também se estende à intenção de um projeto. Sem lisura de propósito não se pode considerá-lo desejável ou aceitável, apesar de quaisquer méritos de design que ele possa ter. Vejamos a onda recente de projetos de "design defensivo", como os espetos de metal ao redor dos novos prédios de apartamentos caros, que emitem um brilho ameaçador para impedir que pessoas em situação de rua durmam ali, ou os rolos cruéis de arame farpado que cercam o porto e a estação ferroviária de Calais para impedir que refugiados desesperados partam da França para a Grã-Bretanha. Por mais bem-sucedidos que sejam no cumprimento das suas funções, seu propósito brutal os torna odiosos.

A nossa relação com os atributos sensoriais — que podem não ser indispensáveis a designs desejáveis, mas contribuem muito para aprimorá-los — também vem se complexificando. Comecemos por aquilo que — a despeito dos esforços persistentes dos puristas do design — muita gente ainda supõe que seja o aspecto mais importante da maioria dos exercícios de design: o aspecto visual.

Nossas sensibilidades visuais estão mudando, assim como mudaram no decorrer da história à medida que formas e cores entravam e saíam de moda. Pensemos nas formas geométricas monocromáticas da "era das máquinas" dos anos 1920, as curvas suaves e os matizes terrosos que se popularizaram após a Segunda Guerra Mundial, as "bolhas" multiformes que os designers descobriram como fazer com as novas ferramentas digitais nos anos 1990 e a simplicidade obsessiva da estética *millenial* branca e prateada da Apple. Todos esses arquétipos pareciam perturbadores ou incongruentes quando surgiram, mas aos poucos começaram a parecer pertinentes. Esse padrão agora se repete nas formas surrealmente intrincadas, muitas vezes emaranhadas em colagens sem propósito, que evocam o caos visual da cultura digital.

A exemplo da bolha, essas formas improváveis são o resultado de experimentos de design com novas ferramentas, principalmente as dos sistemas de fabricação digital que geram formas cada vez mais elaboradas e precisas, a exemplo daquelas de *Tulip Pyramid*, projeto da designer chinesa Jing He desenvolvido em 2016. Buscando caracterizar a nova identidade do design chinês e a função que o recurso da cópia nele exerce, ela convidou outros cinco jovens designers chineses e cada um concebeu duas camadas de uma pirâmide de tulipas, à maneira daquelas elaboradas em vasos por olarias holandesas no século XVII. As especificações do projeto foram impressas em 3D e os resultados fragmentários foram reunidos de modo a compor um objeto cuja complexidade extrema reflete o frenesi do consumismo chinês.[8]

Podem-se criar formas tão complexas e imponentes quanto, mas usando procedimentos mais simples. O designer britânico Max Lamb demonstrou isso ao utilizar um cinzel para entalhar os blocos de gesso dos moldes da sua coleção Crockery de tigelas e xícaras de porcelana de osso para a 1882 Ltd. O cinzel, em geral considerado pesado e grosseiro demais para entalhar um material delicado como gesso, conferiu aos artigos projetados por Lamb um aspecto rústico e fortuito que, em outros tempos, seria considerado desengonçado, mas que hoje parece intrigante.

A silhueta irregular inusitada das louças da Crockery remete a outro aspecto da desejabilidade no campo do design, cada vez mais importante: a singularidade. Cada objeto dessa coleção parece diferente dos seus pares ao ser visto de ângulos diferentes e sob diversas luzes, ainda que seja idêntico. Numa época em que a fabricação digital promete possibilitar a personalização de um número cada vez maior de coisas, a individualidade vai ficando cada vez mais atraente — mesmo que seja, como no caso da Crockery, uma ilusão, apesar de bastante convincente.

Ao mesmo tempo, a onipresença da tecnologia digital nos faz desejar a intimidade e a autenticidade de outros atributos sensoriais em matéria de design, como a tatilidade. Nossa experiência de manejar tantos produtos eletrônicos por meio de telas vem nos tornando mais sensíveis às sutilezas das texturas e ao prazer do toque, como Chris Liljenberg Halstrøm demonstrou ao justapor um tecido ricamente texturizado à madeira lisa na banqueta Georg, e como o fez Lamb com os contornos salientes da Crockery.

O tato é um campo incipiente no design, apesar disso, mas conhecemos instintivamente o seu potencial. Tocar algo que seja úmido, seco, pontiagudo, áspero ou escorregadio demais pode ser alarmante, ao passo que sensações táteis agradáveis podem proporcionar deleite. Contudo, temos um vocabulário limitado para descrever os aspectos táteis, e isso reflete a insuficiência de pesquisas científicas sobre o assunto. Num artigo publicado na *New Yorker* em 2016, Adam Gopnik observou que, para cada cinquenta artigos científicos sobre a visão na última metade de século, havia apenas um sobre o tato. Porém isso está mudando. O neurocientista David Linden relatou a Gopnik que na última década foram escritos mais artigos sobre o fundamento molecular e celular do tato do que no século anterior, o que deverá contribuir para que os designers o utilizem com mais habilidade e para que possamos apreciar melhor suas sutilezas.[9]

Da mesma forma que no futuro o toque assumirá maior destaque no design, softwares de realidade aumentada serão capazes de replicar tanto sensações táteis como efeitos visuais requintados. Assim, o toque se tornará cada vez mais importante ao definir a nossa reação ao design e à sua sedução. Pode ser que isso também se dê com outros atributos sensoriais há muito negligenciados, como o olfato e a sensação indefinível, ainda que intensa, suscitada por fenômenos naturais como clima, umidade e iluminação de espaços, algo que a arquiteta portuguesa Silvia Benedito chama de "atmosfera".[10]

Contudo, todos esses fatores sensoriais têm pela frente o desafio da extinção de um dos princípios característicos do design industrial do século XX (e o mantra preferido dos influenciadores institucionais em matéria de gosto, como os antagonistas de Banham no CID): o de que "a forma segue a função", ou melhor, o de que "a forma sempre segue a função", tal como o arquiteto estadunidense Louis Sullivan escreveu ao cunhar a frase em 1896.[11] A crença de que a forma física de um objeto deve ser definida pelo que ele faz é crescentemente irrelevante para cada vez mais segmentos do design. Isso se deve ao aumento constante da capacidade da computação propiciada pela redução do tamanho dos transístores, que torna impossível supor, ao se olhar ou tocar, que algo tão diminuto e enigmático quanto um smartphone possa executar centenas, se não milhares, de tarefas distintas. Qual é o fator mais importante para determinar se vamos gostar de usar aquele aparelho: sua aparência ou o quanto ele é fácil e eficiente de operar? Este último fator, é claro. Por mais que apreciemos o estilo do celular, o prazer que sentimos com sua aparência não durará muito, se ele for difícil de usar. A importância crescente dos aspectos invisíveis do design, como os softwares de interfaces de usuários, não tornará redundantes as dimensões físicas do design, mas é provável que elas se tornem menos determinantes enquanto fator de desejabilidade.

Não que isso seja necessariamente ruim. Do ponto de vista histórico, um dos maiores problemas do design é ter sido tantas vezes confundido com estilização e menosprezado como uma atividade superficial, voltada apenas aos aspectos visuais de objetos ou espaços. Tão perniciosa quanto essa crença é a suposição de que os recursos estilísticos do design estão a serviço de fins comerciais, para nos induzir a pagar bem mais por coisas de importância duvidosa que logo descartaremos com os demais resíduos tóxicos e não recicláveis em lixeiras abarrotadas. Em 1971, no prefácio de seu livro *Design for the Real World* [Design para o mundo real], o designer ativista estadunidense Victor Papanek já acusava os designers industriais de serem uma "laia perigosa" ao "projetar automóveis de projeto criminoso que matam ou mutilam, ao gerar espécies inteiras de lixo permanente que entulham a paisagem e ao eleger materiais e processos que poluem o ar que respiramos".[12] A importância crescente de outros atributos do design — de ordem tátil, funcional ou ética — haverá de contestar esses estereótipos e estimular mais pessoas a cultivar uma percepção cada vez mais eclética e sofisticada em relação ao design e ao seu potencial de tornar a vida mais desejável em muitíssimos aspectos — inclusive o de consumir menos porcaria, seja ela de bom gosto ou de qualquer outro tipo.

Notas

1 Nigel Whiteley, *Reyner Banham: Historian of the Immediate Future*. Cambridge: MIT Press, 2002, pp. 312-13.

2 Reyner Banham, "H.M. Fashion House". *New Statesman*, 27 jan. 1961.

3 Os "rage rooms" são espaços projetados para liberar o estresse por meio da destruição controlada de objetos. Os participantes quebram itens em ambientes seguros, protegidos por equipamentos de segurança. Originado no Japão nos anos 2000, a prática se espalhou por vários países, inclusive no Brasil. [N. E.]

4 O Google Glass original foi discretamente reinventado para uso industrial. Cf. Steven Levy, "Google Glass 2.0 is a Startling Second Act". *Wired*, 18 jul. 2017.

5 A Fairphone é uma empresa social holandesa cujos smartphones são projetados para serem duráveis e fabricados de maneira ética, com materiais obtidos de forma responsável, muitos dos quais reciclados. Depois de se recusar a usar minerais provenientes de zonas de conflito em seus produtos, a Fairphone adotou a diretriz de obter metais e outros materiais provenientes de locais em processo de reconstrução pós-conflitos.

6 Morwena Ferrier, "Burberry's noose hoodie is part of a shameful fashion tradition". *The Guardian*, 22 fev. 2019.

7 "Mexican court blocks sales of Frida Kahlo Barbie doll". *The Guardian*, 20 abr. 2018.

8 Em seu projeto de graduação para a Design Academy Eindhoven de 2016, Jing He convidou cinco jovens designers chineses de diversas disciplinas — Rongkai He, Cheng Guo, Weiyi Li, Dangdang Xing e Dawei Yang — para projetar duas camadas de uma versão contemporânea das pirâmides de tulipas inventadas nos Países Baixos no século XVII, refletindo sobre a história da inovação e da imitação em seus projetos. Ela projetou uma segunda pirâmide inspirada em sua interpretação dos trabalhos daqueles cinco designers contemporâneos. Jing He, *Tulip Pyramid — Copy and Identity*. Eindhoven: Design Academy Eindhoven, 2016.

9 Adam Gopnik, "Feel Me: What the New Science of Touch Says about Ourselves". *The New Yorker*, 16 mai. 2016.

10 Silvia Benedito, *Atmosphere Anatomies: On Design, Weather, and Sensation*. Zürich: Lars Müller, 2021.

11 Louis H. Sullivan, "The Tall Office Building Artistically Considered". *Lippincott's Magazine*, mar. 1896.

12 Victor Papanek, *Design for the Real World: Human Ecology and Social Change* [1971]. Chicago: Academy Chicago Publishers, p. ix.

Jovens refugiados e migrantes aprendendo design e habilidades manuais e de construção em oficinas conduzidas por designers locais voluntários da Talking Hands numa antiga caserna em Treviso, na Itália, em 2017.

13.
Quando o pior
chega ao pior

Eis um fato de importância notável sobre a Espaçonave Terra: ela não veio com nenhum manual de instrução.

— R. BUCKMINSTER FULLER, *Operating Manual for Spaceship Earth*, 1969.

Além de se informar sobre a política e a geografia da região desolada do Afeganistão central e de preparar o kit necessário para morar e trabalhar ali por vários meses, o arquiteto holandês Jan Willem Petersen se preparou para o seu projeto de pesquisa de design imersivo aprendendo as línguas locais.

Seu destino era Uruzgan, província que padecia muito das várias décadas de hostilidades. Depois que a Força Internacional de Apoio à Segurança [International Security Assistance Force] da Otan assumiu o controle da região em 2006, o governo holandês empreendeu a Força-Tarefa Uruzgan, um programa de quatro anos voltado a projetar e construir escolas, hospitais, estradas, pontes, mesquitas, fábricas, prisões e um aeroporto.

O objetivo de Petersen era examinar aqueles projetos para verificar seu impacto na região vários anos após sua conclusão e avaliar se estavam ou não cumprindo de forma efetiva as funções às quais se destinavam. Seu exame indicou que esse era o caso com apenas 20% deles, enquanto 30% eram bem falhos e 50% mal funcionavam. Uma causa frequente do fracasso era o fato de que os autores ocidentais dos projetos não tinham conhecimento suficiente sobre o contexto local. Um exemplo típico foi o plano de construir cinco escolas em Ali-Shirazai, vilarejo com 3,5 mil habitantes onde havia pouquíssimas crianças. Assim, nenhuma das novas escolas foi aproveitada e elas acabaram sendo abandonadas.[1]

Ao preparar-se com tanto rigor para a sua missão, Petersen procedeu menos à maneira de um designer ortodoxo do que à dos etnógrafos, que vivem com seus objetos de estudo, ou dos repórteres de guerra que acompanham forças de combate para fornecer relatos desde a linha de frente. Outro modo de se afastar do estereótipo foi empregar suas competências não para desenvolver novas infraestruturas, mas para analisar a eficácia do trabalho de outros profissionais e distinguir como projetos similares poderiam ser aperfeiçoados no futuro. Apesar do alto custo dos investimentos governamentais em reconstruções pós-conflito, os resultados raramente são verificados pelos países financiadores. Além disso, as análises desses projetos em geral são conduzidas por economistas especialistas em países em desenvolvimento ou auditores, que por mais que tenham qualificações admiráveis para indicar erros nos próprios campos de atuação, ficam sujeitos a deixar escapar falhas de projeto que podem causar problemas sérios. Foi o que evidenciou o relatório de trezentas páginas apresentado por Peterson ao governo holandês.[2] Depois, é pouco provável que tenham a mesma capacidade de conceber estratégias projetuais eficientes que contribuam para prevenir recorrências quanto um designer perspicaz e habilidoso como ele.

Por mais melancólicos que sejam, os achados de Petersen são oportunos em face da recente intensificação de projetos relacionados a calamidades, que variam desde programas imensos de reconstrução com financiamento público, a exemplo da Força-Tarefa Uruzgan, até os esforços de ONGs e de designers ativistas para enfrentar problemas sociais, ambientais e humanitários, muitos dos quais foram agravados pela pandemia da covid-19. Esses esforços são admiráveis em suas boas intenções e contam com a atuação de muitos dos designers mais intrépidos e dinâmicos do nosso tempo. No entanto, é essencial que sejam planejados e executados conforme padrões o mais elevados possível, considerando o caráter politicamente sensível de atuar em situações instáveis, muitas vezes perigosas, em que as consequências de um fracasso podem ser calamitosas.

Mas nem todas as tentativas projetuais de lidar com calamidades fracassaram: alguns dos maiores feitos na história do design ocorreram graças a elas. As campanhas por assistência de saúde de Florence Nightingale no final do século XIX influenciam o design hospitalar até hoje. Na Índia, milhares de pessoas se beneficiaram com o programa Homes for the Homeless, executado pelos Barefoot Architects [Arquitetos descalços] sediados no Social Work Research Center, apelidado Barefoot College, de Tilonia, um povoado rural do estado do Rajastão. Além de construir o campus da faculdade, os Barefoot Architects projetaram e construíram escolas, centros comunitários e moradias no povoado inteiro, usando materiais de construção convencionais ao lado de elementos como carros de bois, bombas [de ar, de água ou de gasolina] e tratores danificados. E, quando o furacão Mitch devastou vastas áreas das Américas Central e do Sul em 1998, destruindo as redes públicas de abastecimento de água, o designer ativista porto-riquenho Ron Rivera, que atuava naquelas regiões junto à organização sem fins lucrativos Potters for Peace, montou oficinas de olaria para produzir um filtro d'água de cerâmica projetado pelo químico guatemalteco Fernando Mazariegos. Ao longo da década seguinte, Rivera fundou trinta fábricas de filtro em áreas da América Latina, da Ásia e da África onde havia escassez de água potável, além de capacitar centenas de olarias locais a produzir o que ele denominava "armas de destruição biológica em massa".

Entretanto, essas conquistas tiveram pouco impacto para transformar o estereótipo de que o design é um instrumento de estilização comercial. O establishment do design compactuou com isso de modo involuntário ao exaltar o papel por ele desempenhado como catalisador econômico que propicia a melhora da qualidade dos produtos industriais, a fim de impulsionar as exportações, a geração de empregos e a lucratividade nas campanhas com financiamento público ao longo do século xx. Esses líderes de torcida não só sabiam muito bem de onde vinham seus financiamentos, como muitos acreditavam que o design, sendo um campo relativamente novo, teria maior possibilidade de obter apoio popular e político se fosse associado a atributos à primeira vista descomplicados, tais como produtividade, inovação, estilo e eficiência. Agora que a percepção geral do campo vem se sofisticando, esse tipo de alarde promocional corre o risco de ser contraproducente. Além disso, formou-se uma nova categoria de designers politicamente engajados e com consciência ecológica que estão determinados a empregar suas habilidades em causas nas quais acreditem, assim como fizeram Nightingale, os Barefoot Architects, Rivera e Mazariegos.

De modo decisivo, os designers ativistas de hoje contam com o benefício das novas ferramentas digitais e fontes de financiamento que vêm fomentando a ascensão do design atitudinal. Buscar respostas tanto para desastres causados pelo homem como para catástrofes naturais, no país de origem e em outros, tornou-se uma característica de suas práticas.

Há problemas também, é claro. As diretrizes do ativismo de designers são tão complexas e desafiadoras quanto as do desenvolvimento econômico, da sociologia e de quaisquer outros campos em que se busquem soluções para problemas severos que afetem pessoas em estado vulnerável, com recursos escassos. A organização Architecture for Humanity montou uma rede global de designers para atuar em projetos de assistência em catástrofes no início dos anos 2000, mas acabou se desfazendo em razão de problemas financeiros. Outras iniciativas se prejudicaram com o próprio exagero publicitário, entre as quais a One Laptop Per Child, que procurou fazer com que milhões de crianças desfavorecidas alcançassem seu potencial projetando um laptop educativo a ser vendido por menos de cem dólares. A organização despachou mais de 3 milhões de laptops, cuja maioria pertence hoje a crianças e adolescentes que de outro modo não conseguiriam ter um computador. Um grande feito, só que as estimativas iniciais do projeto eram tão mais elevadas que com frequência ele é considerado um fracasso.

Ambas as iniciativas padeceram, em distintas proporções, do mesmo problema que Petersen evidenciou como altamente prejudicial à Força-Tarefa Uruzgan: atuar em circunstâncias pouco conhecidas. Não à toa, muitos dos programas de design atitudinal mais bem-sucedidos nas economias em desenvolvimento são os realizados por agentes locais. É impossível imaginar um projeto como o Sehat Kahani, que enfrenta um problema tão complexo quanto as dificuldades vividas por mulheres paquistanesas para conseguir atendimento médico, que não fosse desenvolvido por gente de lá. Esse princípio também vale para a Grande Muralha Verde.

Alguns dos experimentos ocidentais de ativismo mais interessantes em tempos recentes ocorreram em contextos já familiares aos designers. Um exemplo são os esforços de Hilary Cottam para prototipar novos meios de oferecer serviços sociais de extrema necessidade a pessoas de todo o Reino Unido que, de outro modo, se sentiriam desfavorecidas ou esquecidas. O Australian Centre for Social Innovation (TACSI) adotou um enfoque similar de design social para lidar com uma das tarefas mais custosas e exigentes da assistência social: auxiliar famílias a resolver problemas crônicos como vício, doença, falta de moradia, desemprego prolongado e crises financeiras. Depois de conversar com mais de cem famílias sobre as dificuldades que enfrentavam e o tipo de amparo de que necessitavam, o TACSI montou um programa *peer-to-peer* [par a par] chamado Family by Family em Adelaide e em Sydney. Um mentor é selecionado para atuar junto a quinze "famílias colaboradoras" [*sharing families*] que se dispuseram a oferecer ajuda e aconselhamento a quarenta "famílias em busca" [*seeking families*], com cerca de cem crianças em situação de risco. Em princípio, os colaboradores se sentiriam fortalecidos por ajudar famílias vulneráveis a estabelecer metas e alcançá-las, assim como os participantes do Circles, o projeto de assistência a idosos de Cottam, em Londres. Além de ser gerido com custos relativamente baixos, o programa reduziu de forma significativa a necessidade de colocar crianças em situação de risco sob custódia ou de levá-las a receber a atenção dos serviços de proteção e emergência para crianças, economizando com isso recursos financeiros consideráveis e, assim se espera, ajudando famílias a resolver os problemas que enfrentam.

Outros designers engajados vêm se voltando para questões globais, como mudanças climáticas e a crise dos refugiados, nas quais a situação geográfica do designer, de certa forma, é menos relevante. Um dos exemplos é o Ocean Cleanup. Outro é o Ore Streams, um projeto de pesquisa de design sobre o gigantesco e muitas vezes ilícito comércio internacional de resíduos eletrônicos, conduzido por Simone Farresin e Andrea Trimarchi, do Formafantasma. Depois de entrevistar fabricantes, recicladores, designers, cientistas, ambientalistas e agentes da Interpol, eles mapearam o fluxo de produtos eletrônicos descartados ao redor do mundo a fim de verificar seu impacto ambiental e social e indicar como seu design e sua fabricação poderiam ser adaptados para que fossem descartados e reciclados de maneira responsável. Além de identificar entraves práticos para a reciclagem, tais como as vedações à prova d'água dos smartphones, que tornam impossível desintegrá-los, o Formafantasma revelou intersecções do comércio de resíduos eletrônicos com questões políticas aparentemente desvinculadas dele, como o contrabando de migrantes.[3] Farresin e Trimarchi efetuaram uma análise similar sobre o papel do design na comercialização de madeira, uma das indústrias mais destrutivas do mundo, no projeto Cambio, comissionado para uma exposição realizada na galeria Serpentine de Londres, em 2020. O grupo vem estimulando jovens designers a seguir esse exemplo oferecendo um novo curso de mestrado em geodesign na Design Academy Eindhoven, nos Países Baixos, que examina a relação do design com processos sociais, geopolíticos e econômicos controversos.

As intervenções de designers na crise dos refugiados também são alentadoras. Os designers de informação ajudaram a fomentar a conscientização sobre a situação dos muitos milhões de pessoas que foram forçadas a deixar o país de origem em face de conflitos ou da opressão e que ainda não conseguiram asilo em outro lugar. Um exemplo é o projeto The Stories Behind a Line [As histórias por trás de uma linha], no qual a designer italiana Federica Fragapane ilustra como seis refugiados em busca de asilo que conheceu em sua cidade natal, Vercelli, viajaram até lá desde a Guiné, na Costa do Marfim, no Mali e no Paquistão. A visualização, que ela elaborou em colaboração com o designer Alex Piacentini, indica os modos de deslocamento, o tempo e a distância das jornadas, bem como o que aconteceu ao longo do percurso. A linha do título se refere às rotas dos viajantes e vale como um lembrete pungente das ameaças que eles enfrentaram.

Outros designers se dedicam a dar apoio a refugiados que estão lutando para reconstruir a vida em novos países. Na Itália tem surgido uma série de projetos para auxiliar as dezenas de milhares de refugiados que fizeram a travessia perigosa do Mediterrâneo Oriental desde a Turquia. Após a chegada, eles necessitam de amparo imediato para obter comida, água e abrigo, e em seguida se empenham para achar moradia e emprego e conseguir asilo. O Brave New Alps e seus colaboradores montaram o Hospital(ity) School em Rosarno, que os ajuda nisso. A organização sem fins lucrativos Talking Hands cumpre uma função similar em Treviso, organizando oficinas de design, construção e artesanato, conduzidas por designers locais voluntários, para refugiados e migrantes que receberam acomodação temporária ali. Fundada por Fabrizio Urettini, diretor de arte e ativista local, a Talking Hands vende as peças de mobília e vestuário produzidas nas oficinas em feiras ou por meio de uma rede de colaboradores. Também administra um serviço de reparos para a população local e oferece cursos gratuitos de alfabetização em italiano para refugiados em busca de asilo.[4]

No longo prazo, pode-se afirmar que a contribuição mais profunda que o design pode dar ao enfrentamento de tais problemas seja a participação na elaboração de políticas, tal como Hilary Cottam e TACSI vêm fazendo no âmbito dos serviços sociais. Se considerarmos a crise dos refugiados, veremos que ela poderia ser abrandada de forma significativa se fosse agilizado o processo legal da obtenção de asilo, indicando países que precisem dos conhecimentos e das habilidades dos migrantes e eliminando a prática bárbara de contrabando de migrantes. Uma das possibilidades é usar o gerenciamento de dados para indicar os melhores destinos para os refugiados com base na experiência de cada um e então enviá-los a lugares onde ela seria mais proveitosa. Outra seria introduzir vistos humanitários para que os refugiados pudessem viajar legalmente para países onde pretendem pedir asilo, eliminando a dependência dos contrabandistas de migrantes. É preciso igualmente que se reformulem as legislações nacionais para oferecer aos refugiados acesso mais rápido ao mercado de trabalho local, como ocorreu na Nigéria. Essas mudanças ousadas requerem a contribuição de especialistas de diversos campos de atuação, mas o design poderia desempenhar um papel produtivo ajudando a prever problemas, indicando possíveis soluções e planejando o processo de maneira sensível e eficiente. Também poderia fazer o mesmo no enfrentamento das mudanças climáticas.

O design só poderá esperar cumprir esse papel se conquistar a confiança do público em geral e o apoio político necessários para que seja considerado vantajoso no processo de implantar reformas cruciais. Por mais trágica que tenha sido, a crise da covid-19 ofereceu uma oportunidade inestimável para isso, ao demonstrar a capacidade do design de reagir, de modo responsável e efetivo, aos aspectos múltiplos de uma catástrofe global. Ficou evidente desde o início que as inovações em ciência e medicina seriam decisivas, mas o papel importante do design, ao conceber meios práticos de aplicar esses avanços, também ficou claro. Designers do mundo inteiro mostraram-se à altura desse desafio com desenvoltura.

Os profissionais de ilustração médica Alissa Eckert e Dan Higgins, da [agência governamental] Centers for Disease Control and Prevention dos Estados Unidos, ajudaram a esclarecer a gravidade da crise ao criar a imagem emblemática da "bolha espinhuda" para ilustrar o SARS-COV-2, o vírus causador da covid-19. Projetado especificamente para acentuar os espinhos ameaçadores das proteínas S do SARS-COV-2, o símbolo de Eckert e Higgins foi reconhecido em todo o mundo dias após o seu lançamento, em 31 de janeiro de 2020, e é a ilustração médica mais conhecida de todos os tempos. Painéis recém-projetados criados para controlar e rastrear dados mapearam a propagação da infecção, enquanto programas de informação pública, como o Unite Against Covid-19, da Nova Zelândia, projetado pela agência de propaganda Clemenger BBDO Wellington, comunicaram de forma concisa como evitar e impedir a infecção. Milhares de designers, artesãos e arquitetos formaram coletivos improvisados para projetar e produzir infinidades de máscaras, luvas, macacões e outros equipamentos de proteção para profissionais de saúde e assistentes sociais que atuaram na linha de frente. Dentre eles estava a equipe da Talking Hands, que concentrou recursos para produzir máscaras para os sem-teto de Treviso durante os *lock-*

downs da covid-19. Outra reação coletiva foi a dos grupos de assistência solidária formados por voluntários locais para amparar vizinhos vulneráveis fazendo compras de alimentos, indo buscar medicamentos prescritos e informando sobre as alterações mais recentes nas restrições.

Os engenheiros também se destacaram, colaborando com profissionais de medicina para converter hospitais e clínicas, bem como centros de convenção e museus, em instalações para o tratamento de covid-19, e mais tarde para transformar estádios esportivos, escolas e catedrais em centros de vacinação. Em seguida houve a corrida global para projetar e fabricar os ventiladores requeridos no tratamento da doença. Essa corrida acabou ressaltando tanto o que havia de melhor quanto o que havia de pior nas centenas de designers, engenheiros, fabricantes e empreendedores que prometeram desenvolver esse item, com os profissionais mais exibidos alardeando que os seus seriam os melhores e mais velozes. Desenvolver um equipamento complexo que satisfizesse padrões médicos exigentes revelou-se algo bem mais difícil do que imaginavam Elon Musk e os diversos fabricantes de automóveis e equipes de corrida de Fórmula 1. Não por acaso, muitas das tentativas mais arrogantes fracassaram, enquanto esforços mais modestos se saíram bem, em geral graças à colaboração entre especialistas, à opção por modificar sistemas já existentes em vez de criar projetos do zero, ao uso de componentes padronizados e ao compartilhamento de informações entre profissionais.

Num período de angústia e conturbação, a generosidade e a desenvoltura da reação do design à covid-19 proporcionaram uma esperança muitíssimo necessária, além de soluções práticas para problemas de potencial devastador. Em princípio, isso haverá de redefinir a percepção geral sobre o design e seu potencial para enfrentar desafios complexos, ao mesmo tempo que deve estimular políticos e outros tomadores de decisão a lhe confiar um papel decisivo na reconfiguração e reconstrução da vida após a pandemia. Caso isso aconteça, e esperamos que sim, caberá aos designers seguir comprovando seu valor.

Os designers da Ucrânia abriram um precedente positivo com sua reação corajosa e inspiradora à odiosa guerra russa. Assim que a Rússia invadiu o país, designers, arquitetos, engenheiros e construtores ucranianos se mobilizaram para contribuir com o esforço de guerra. Alguns projetaram e construíram abrigos temporários para os milhões de pessoas em fuga das zonas de batalha ou confeccionaram uniformes militares e sacos de dormir. Outros montaram cozinhas comunitárias, reconfiguraram placas de trânsito para confundir os invasores que buscavam se deslocar pela Ucrânia ou fizeram armamentos paliativos, tais como dispositivos antitanques em forma de ouriço, para deter o avanço russo. Sua valentia e sua inventividade conquistaram o coração dos compatriotas e do mundo.

Cada projeto de design social e humanitário executado de forma criteriosa e cada reação à pandemia representam um passo adiante, que pode ajudar iniciativas similares a obter apoio financeiro e político no futuro. Por outro lado, cada fracasso de design mal planejado tornará isso mais difícil — seja no caso de um programa gigantesco com financiamento público, como a Força-Tarefa Uruzgan, seja com relação aos esforços de um designer ativista empreendedor, como Boyan Slat com a Ocean Cleanup. Em todo caso, Slat e outros designers atitudinais que queiram lidar com desastres se beneficiariam bastante de uma análise tão rigorosa quanto a da pesquisa imersiva feita por Jan Willem Petersen no Afeganistão.

Poderiam também se inspirar com a reação oficial ao relatório dele. Em vez de desconsiderar seus argumentos, o Exército holandês contratou Petersen para instruir a geração seguinte de oficiais sobre o emprego estratégico do design, num programa de cinco anos da Royal Dutch Military Academy. Além disso, ele foi encarregado de realizar novos estudos sobre projetos de reconstrução pós--conflito. Desde então, Petersen tem sido chamado para atuar em iniciativas similares do Programa das Nações Unidas para os Assentamentos Humanos (un-Habitat) e da Otan, na esperança de prevenir os mesmos erros de projeto no futuro.[5]

Notas

1   Entrevista da autora com Jan Willem Petersen, 16 jul. 2021.
2   Jan Willem Petersen trabalha no Specialist Operations, um escritório de design de Amsterdã. Depois de dois meses de pesquisa de campo na região afegã de Uruzgan em 2015, ele registrou seus achados em 2016 em um relatório de trezentas páginas intitulado "Uruzgan's Legacy", cf. dutchdesigndaily.com/complete-overview/uruzgans-legacy.
3   Simone Farresin e Andrea Trimarchi, do Formafantasma, foram chamados para realizar o projeto de pesquisa *Ore Streams* em 2015 por Ewan McEoin, curador sênior do Departamento de Design e Arquitetura Contemporâneas da National Gallery of Victoria (NGV) de Melbourne. A pesquisa examinou a escala e a influência do comércio global de resíduos eletrônicos, tanto lícito quanto ilícito, e delineou diretrizes para que os designers de produtos projetem produtos mais fáceis de reciclar. A pesquisa e uma série de objetos conceituais projetados pelo Formafantasma foram expostos na trienal de arte e design inaugural da NGV entre 15 dez. 2017 e 15 abr. 2018.
4   As oficinas da Talking Hands em Treviso foram promovidas pelo designer gráfico italiano Fabrizio Urettini para oferecer treinamento e equipamento de modo a ajudar jovens refugiados do sexo masculino em busca de asilo a aprender ou aperfeiçoar habilidades manuais, como marcenaria e bordado, e a vender seus produtos em feiras e festivais locais. A Talking Hands gera receita adicional mediante serviços de reparo e restauração de móveis para a população local. Os designers da região atuam em caráter voluntário, entre eles Giorgia Zanellato e Daniele Bortotto, do estúdio Zanellato/Bortotto, e Matteo Zorzenoni, que colaborou desenhando uma série de móveis infantis.
5   Entrevista da autora com Jan Willem Petersen, 27 jul. 2021.

Cadeira tripé em madeira e couro, Lina Bo Bardi, 1948. Projeto elaborado a partir de sua pesquisa sobre o design vernacular brasileiro.

APÊNDICE
Designers e projetos

Estas notas se destinam a fornecer informações adicionais sobre alguns dos designers e projetos citados nos capítulos anteriores.

ADEBIYI-ABIOLA, BILIKISS
O Wecyclers foi cofundado em 2012 pela empreendedora de design nigeriana Bilikiss Adebiyi-Abiola (1983–) para promover um meio amigável de estimular compatriotas de Lagos a reciclar o lixo que produziam. Adebiyi-Abiola percebeu a necessidade de um serviço desse tipo em visitas de regresso à cidade enquanto estava estudando nos Estados Unidos. Notou a grande quantidade de materiais recicláveis potencialmente úteis que estavam abandonados nas favelas de Lagos, ainda que muitos centros de reciclagem da cidade estivessem operando com baixa capacidade. Isso porque os caminhões de lixo municipais não conseguiam percorrer as ruas extremamente congestionadas até esses lugares. Projetar bicicletas de carga robustas, porém delgadas, resolveu o problema. Os moradores cadastrados no serviço recebem crédito para comprar alimentos, produtos de limpeza ou recargas de celular em troca de seus resíduos recicláveis. A Wecyclers vem contribuindo para que os centros de reciclagem da cidade, até então subutilizados, aumentem sua produtividade.

ALBERS, ANNI
Essa designer têxtil (1899–1994) nasceu em Berlim, no seio de uma família judia abastada, os Fleischmann. Resistindo à pressão familiar para que arranjasse "um bom casamento", matriculou-se numa escola de arte de Hamburgo em 1920, mas achou o curso tão enfadonho que se inscreveu no que qualificou como "um novo espaço experimental": a Bauhaus de Weimar. Assim como se dava com a maioria das estudantes, foi convencida a cursar design têxtil. Passados três anos, Anni se casou com um dos artistas mais promissores da escola, Josef Albers (1888–1976), filho de um operário do Vale do Ruhr. Ambos lecionaram na Bauhaus até que os nazistas fecharam a escola, em 1933, e em seguida partiram da Alemanha para os Estados Unidos para lecionar na avançada [faculdade] Black Mountain College da Carolina do Norte. Àquela altura Anni já havia se consagrado como uma força modernizante do design têxtil, e em 1949 fez uma exposição individual no Museu de Arte Moderna de Nova York. No ano seguinte ela e Josef se mudaram para New Haven, em Connecticut, onde ele foi nomeado chefe do Departamento de Design da Yale University School of Art. A retrospectiva de Anni no Museu de Arte Moderna itinerou para outros 26 museus dos Estados Unidos, e posteriormente sua obra ganhou exposições em âmbito mundial.

ARNDT, GERTRUD
Nascida em Ratibor, então na Alemanha hoje, Polônia (Racibórz), Gertrud Hantschk (1903–2000), mais conhecida por seu nome de casada, Arndt, estudou arte na cidade alemã de Erfurt. Em seguida iniciou um período de aprendizagem com um arquiteto local, que encorajou seu interesse por fotografia. Em 1923, matriculou-se na Bauhaus desejando cursar arquitetura, porém foi encaminhada ao curso de tecelagem. Concluiu-o, mas interrompeu seu envolvimento com a área têxtil para se dedicar à fotografia. Em 1928, saiu da Bauhaus com seu marido, Alfred Arndt, e no ano seguinte retornou para ingressar no corpo docente. Gertrud deu continuidade às suas experiências fotográficas, com destaque a uma série cativante

de autorretratos em que vestia máscaras de diversos tipos. Os Arndt permaneceram na Bauhaus até 1931, quando se mudaram para Probstzella, na Turíngia, região central da Alemanha. Ali residiram por dezessete anos até se estabelecerem em Darmstadt, onde permaneceram pelo resto da vida. A obra fotográfica de Gertrud ficou esquecida por muitos anos, mas foi celebrada, ao lado de seus trabalhos com tecidos, numa exposição realizada no Bauhaus-Archiv de Berlim em 2013.

L'ATELIER POPULAIRE

Em 6 de maio de 1968, cerca de 25 mil estudantes e professores universitários franceses deram início a semanas de conflito com as autoridades ao realizar uma marcha de protesto em Paris. Dez dias depois, um grupo de manifestantes ocupou a gráfica da École des Beaux-Arts de Saint-Germain-des-Prés e anunciou que estava inaugurando o Atelier Populaire. Os ocupantes usaram os equipamentos da escola para projetar e imprimir cartazes em apoio aos protestos de estudantes, trabalhadores e outros grupos radicais que estavam se propagando na França e em outros países. O Atelier Populaire criou mais de duzentos cartazes distintos, impressos em séries de centenas ou milhares de cópias, com palavras de ordem tais como *La lutte continue* (A luta continua), *Nous sommes le pouvoir* (Nós somos o poder) e *La beauté est dans la rue* (A beleza está na rua). Como os meios de comunicação franceses eram controlados pelo Estado, os cartazes possibilitaram que os manifestantes do Maio de 68 expressassem suas inquietações. O Atelier Populaire emitiu uma declaração chamando os cartazes de "armas a serviço da luta. [...] Seu lugar legítimo está nos focos de conflito, isto é, nas ruas e nos muros das fábricas".

BANHAM, REYNER

Arguto, provocador e incisivo, o escritor e teórico britânico Reyner Banham (1922–88) transformou a crítica de design no final do século XX com suas reflexões sobre arte, design, arquitetura, consumo e tecnologia. O sociável Banham também exerceu influência cultural considerável por meio de suas amizades com artistas como

Richard Hamilton e Ed Ruscha, além dos arquitetos Cedric Price e Alison e Peter Smithson. Assim como Hamilton, Banham cresceu no seio de uma família proletária britânica "em algum lugar do cinturão Pop", como ele dizia (na verdade em Norwich, no leste da Inglaterra), devorando revistas em quadrinhos de Betty Boop e faroestes hollywoodianos. Essas influências conferiram aos dois uma perspectiva muito diversa da dos medalhões privilegiados que, tradicionalmente, dominavam o discurso cultural britânico. Banham e Hamilton contrabalançavam sua afeição pela cultura de massa com críticas cáusticas ao consumismo e à obstinação dos representantes mais conservadores do movimento moderno. Depois de passar a primeira metade de sua carreira na Grã-Bretanha ensinando história da arquitetura na University College London e escrevendo para periódicos como *Architectural Review*, *New Society* e *New Statesman*, Banham acabou por se estabelecer nos Estados Unidos. "O único jeito de provar que você tem uma opinião", afirmou, "é mudando-a de vez em quando."

BAREFOOT ARCHITECTS DE TILONIA

Os Barefoot Architects estudam técnicas locais de design e construção desde o início dos anos 1970 no Social Work Research Center — apelidado Barefoot College — de Tilonia, um povoado rural do estado indiano do Rajastão. Além do campus da faculdade, projetaram e construíram escolas, centros comunitários, edificações agrícolas e moradias no povoado inteiro, usando materiais de construção convencionais e peças de carros de bois, bombas [de ar, de água ou de gasolina] e tratores danificados. Muitas de suas estruturas se baseiam na matriz do domo geodésico, que foi desenvolvido pelo designer estadunidense rebelde R. Buckminster Fuller no final dos anos 1940 no Black Mountain College da Carolina do Norte.

BAUHAUS

Houve outras escolas de design famosas, mas nenhuma que se iguale à Bauhaus, inaugurada na cidade alemã de Weimar em 1919, tendo como diretor o arquiteto Walter Gropius. Muitos dos mais influentes designers, artistas e arquitetos do século XX lecionaram ou estudaram lá, entre os quais Gropius e Mies van der Rohe na arquitetura, Marcel Breuer no mobiliário, Herbert Bayer nas artes gráficas, Oskar Schlemmer na cenografia, Anni Albers e Gunta Stölzl na tecelagem, Marianne Brandt e Wilhelm Wagenfeld no design de produtos e o rebelde László Moholy-Nagy. Junto a eles atuaram grandes artistas, como Josef Albers, Vassíli Kandinski e Paul Klee. Os anos iniciais da Bauhaus foram emperrados pelo embate entre Gropius e Johannes Itten, um professor carismático que defendia uma abordagem artesanal e espiritual da arte e do design. Após a saída de Itten em 1923, Moholy-Nagy foi contratado para injetar o fervor tecnocrático na escola. Quando os nazistas tomaram o poder em Weimar, em 1925, Gropius negociou um acordo para construir uma nova escola em Dessau, mas se viu forçado a demitir-se em 1928 sob pressão política do partido nazista local. Moholy-Nagy e outros que lhe eram leais também se desligaram, e o arquiteto suíço esquerdista Hannes Meyer assumiu o posto de diretor. Ele foi forçado a deixar o cargo em 1930 e coube a Mies tentar salvar a escola, que se transferiu para Berlim em 1932, mas encerrou suas atividades no ano seguinte. A fama da Bauhaus subsistiu — em parte graças à habilidade de Gropius de abrilhantar os mitos em torno dela em seus escritos, palestras e exposições. O legado da Bauhaus se beneficiou da influência internacional de seus professores e alunos, muitos dos quais deixaram a Alemanha durante os anos 1930 e 40 para assumir cargos letivos de prestígio em outros países, como fizeram Gropius, Mies e Breuer nos Estados Unidos, ou para montar novas escolas aos moldes da Bauhaus.

BÉHAR, YVES

Na qualidade de fundador e designer principal da Fuseproject, Yves Béhar (1967–) tem experimentado novos meios de administrar organizações globais de design, conjugando projetos comerciais a trabalhos *pro bono* de design social e humanitário e cofundando empreendimentos em que detém participação acionária. Nascido em Lausanne, na

Suíça, de mãe alemã e pai turco, Béhar estudou design ali e no Art Center College of Design de Pasadena, na Califórnia, e em seguida se mudou para São Francisco para trabalhar na Frog Design, empresa de consultoria em design de tecnologia. Em 1999, fundou a Fuseproject, que desenvolveu produtos tecnológicos, mobiliário, iluminação e vestuário para empresas como a Herman Miller, a Samsung e a Swarovski. Dentre suas criações, estão os dispositivos vestíveis Jawbone, August Smart Lock [fechaduras inteligentes] e o berço robótico Snoo, desenvolvido em colaboração com o pediatra estadunidense Harvey Karp. No campo de atuação *pro bono*, Béhar projetou o hardware dos laptops e tablets distribuídos pela organização educativa não lucrativa One Laptop Per Child e é o designer principal do programa Spring Accelerator, que apoia empreendedores no desenvolvimento de produtos e serviços para ajudar a tirar garotas adolescentes da pobreza.

BO BARDI, LINA
Arrojado, dramático, muitas vezes totalmente inesperado, o trabalho em arquitetura e design de Lina Bo Bardi (1914-92) foi sempre marcado por uma alegria radical e intransigente. Nascida em Roma, Achillina Bo insistiu em estudar arquitetura num tempo em que poucas mulheres italianas tinham permissão para isso, e abriu um escritório em Milão em 1942, aos 28 anos. No ano seguinte, ela entrevistou o historiador da arte Pietro Maria Bardi, por quem se apaixonou e com quem, em 1946, fugiu da Itália para o Brasil, onde ele viria a ser diretor do então novo Museu de Arte de São Paulo (Masp). Depois de consolidar seu nome com projetos de casas modernistas inovadoras, sempre projetadas a partir do entorno — como a sua própria residência, a Casa de Vidro, em São Paulo –, Lina recebeu a incumbência de projetar a nova sede do Masp em 1957, na avenida Paulista. O compositor John Cage descreveu sua estrutura extraordinária como uma "arquitetura da liberdade". Igualmente inspirador é o projeto do Sesc Pompeia, um galpão industrial em São Paulo convertido em espaço cultural, além do comprometimento apaixonado de

Lina pela história do artesanato brasileiro.

BOOM, IRMA
Nascida na cidade alemã de Lochem em 1960, Irma Boom estudou pintura numa escola de arte de Enschede, uma cidade próxima, mas optou por design gráfico depois de ir parar por acaso numa aula sobre livros. "O professor não dizia nada sobre design: apenas nos mostrava livros e os lia", relembra. Depois de se formar, Boom ingressou no Departamento Gráfico estatal de Haia com a intenção de sair após um ano, mas acabou permanecendo por cinco anos e experimentou diversos enfoques no design de livros. Exemplo disso foi um anuário do órgão holandês de subsídio às artes, que foi impresso em vermelho, azul e amarelo, com o tamanho do tipo em cada página dupla definido pela quantidade de texto designada à ela. Desde então, Boom projetou e produziu uma série de livros originais, ambiciosos e insólitos em seu estúdio em Amsterdã. Um deles, destinado a celebrar o centenário do conglomerado holandês SHV, pesava vários quilos e tinha 2136 páginas, todas sem numeração, pois Boom queria que as pessoas as folheassem a bel-prazer em vez de lê-las sequencialmente. Levou cinco anos para ser produzido. Boom também faz experiências com contrastes de escala, requintados códigos de cores, simbolismo visual, padrões ocultos, encadernações aromatizadas e impressão em papéis não convencionais, como papel metálico e de filtro de café. Depois de colecionar exemplos históricos e contemporâneos de design de livros durante anos, ela converteu parte de sua residência em Amsterdã numa biblioteca para guardar sua coleção de livros — na maior parte dos séculos XVII e XVIII e dos anos 1960 e 70.

BOUROULLEC, RONAN E ERWAN
Nascidos na Bretanha rural, o designer de produtos francês Ronan Bouroullec e seu irmão Erwan Bouroullec (1971 e 1976, respectivamente) quase nunca saíam da região até Ronan se mudar para Paris para estudar design. Em 1997, um ano após se formar, a empresa moveleira italiana Cappellini se ofereceu para fabricar seus projetos e ele abriu um pequeno estúdio em

Paris, onde Erwan, que estava estudando arte, juntou-se a ele. A princípio, os irmãos atuaram sob seus nomes individuais, mas logo perceberam que, como um estava contribuindo com os projetos do outro, podiam também assinar em conjunto. Um dos principais objetivos deles era projetar móveis para residências e locais de trabalho sob a forma de sistemas modulares flexíveis, que pudessem se tornar maiores ou menores e ganhar ou perder componentes funcionais diversos à medida que as necessidades e a vontade dos usuários mudassem. Esses princípios foram aplicados às escrivaninhas do sistema Joyn e às divisórias plásticas em formato de algas denominadas Algues, ambas fabricadas pela Vitra, assim como aos biombos projetados para a Kvadrat. Os Bouroullec já adaptaram sua metodologia projetual para reinventar equipamentos públicos, tais como quiosques, fontes e pontos de carregamento elétrico, e ao projetar o interior, a iluminação e uma praça pública para o museu da Pinault Collection, inaugurado na Bourse de Commerce, em Paris, em 2021.

BRAVE NEW ALPS
O estúdio de design italiano Brave New Alps explora novos modos pelos quais o design pode contribuir para o enfrentamento de questões sociais, políticas e ambientais urgentes. Fundado em 2005 como uma colaboração entre Bianca Elzenbaumer (1980–) e Fabio Franz (1983–), foi registrado como uma associação cultural na Itália em 2012. O grupo se expandiu para incluir designers e outros colaboradores que compartilham de seus objetivos. Participa de redes de ativismo e pesquisa em toda a Europa desde a sua base em Nomi, um povoado no Vale Lagarina, situado na região de Trentino do Tirol italiano. O problema do contingente crescente de refugiados e trabalhadores migrantes na Itália é uma preocupação primordial da atuação recente do Brave New Alps. Dentre as suas respostas práticas estão o Hospital(ity) School, um centro de assistência médica e jurídica e de capacitação para colhedores imigrantes de safras em Rosarno, um município do sul da Itália, e La Foresta, uma academia comunitária voltada à população local e a refugia-

dos em busca de asilo inaugurada em 2021 numa edificação sem uso em uma estação ferroviária no município alpino de Rovereto.

BRETTEVILLE, SHEILA LEVRANT DE
Depois de estudar artes gráficas na Yale University nos anos 1960, Sheila Levrant de Bretteville (1940–) cofundou uma série de projetos feministas, entre os quais o primeiro programa de design para mulheres no California Institute of the Arts em 1971 e, dois anos depois, o Woman's Building, um espaço público em Los Angeles dedicado à instrução e à cultura das mulheres. Empenhada em combater a injustiça, o preconceito e a opressão em função de classe e etnia, além de gênero, ela se tornou uma das designers ativistas mais influentes da América do Norte. Quando foi nomeada diretora de estudos de design gráfico na Yale University School of Art em 1990, alguns dos integrantes mais rabugentos da faculdade ficaram horrorizados. Paul Rand, o velhinho ilustre das artes gráficas estadunidenses e membro da faculdade desde os anos 1950, demitiu-se em protesto e incentivou colegas a acompanhá-lo. De Bretteville representava muitas coisas que a velha guarda odiava — desconstrutivismo para uns, feminismo para outros –, além de ser a primeira mulher a obter o direito de estabilidade empregatícia na Yale University School of Art. Perseverante, ela imbuiu o curso de design gráfico da Yale do radicalismo e do ecletismo que caracterizam seus trabalhos.

BRICHTER, LOREN
O designer de softwares estadunidense Loren Brichter (1984–) desenvolveu vários dos apps que usamos todos os dias para operar nossos smartphones e tablets. Nascido em Manhattan, estudou engenharia elétrica na Tufts University de Massachusetts e ofereceram-lhe um emprego na Apple antes de se formar. Brichter recusou a oferta, mas ingressou na empresa após a graduação. Ali ficou por pouco mais de um ano até abrir um estúdio de design, o qual vendeu ao Twitter em 2010. Desde que deixou a empresa, um ano depois, Brichter passou a atuar de modo autônomo desen-

volvendo uma série de apps que nos possibilitam operar dispositivos digitais por meio do toque e da visão. Sempre que verificamos a chegada de novos e-mails, mensagens de texto ou postagens nas redes sociais fazendo atualizações com o recurso "puxar para atualizar", estamos usando o trabalho de Brichter, assim como ao revelarmos um menu oculto ou uma função operacional deslizando a ponta do dedo pela tela. "Tudo deve vir de algum lugar e ir para algum lugar", afirmou ao *Wall Street Journal*. "O mais importante é a obviedade. O problema é design em excesso."

BURLE MARX, ROBERTO
Nascido no seio de uma abastada família germânico-brasileira em São Paulo, Roberto Burle Marx (1909–94) passou a maior parte da infância no Rio de Janeiro, onde sua mãe o introduziu à jardinagem. Aos dezenove anos, fixou-se em Berlim para estudar pintura e aprofundou seu interesse por botânica, continuando a dedicar-se a essa atividade depois de retornar ao Brasil em 1930 para assumir um cargo numa escola de arte. Dois anos mais tarde, fez seu primeiro projeto de paisagismo, para uma residência projetada por um amigo e vizinho, o arquiteto Lucio Costa. Burle Marx seguiu projetando centenas de paisagens, jardins e parques, muitas vezes em colaboração com amigos arquitetos, entre eles Oscar Niemeyer, além de Costa. Consagrou-se pela perícia e habilidade no cultivo de plantas nativas brasileiras com diretrizes inspiradas pelas propriedades formais do movimento de arte moderna do país. Toda a sua obra se sustentou numa profunda afeição à botânica e em seus conhecimentos nesse campo. Burle Marx descobriu centenas de espécies e defendeu a preservação de outras tantas. Também desempenhou um papel importante ao despertar a consciência internacional sobre a situação ameaçada das florestas tropicais do Brasil. No fim dos anos 1940, comprou o sítio Santo Antônio da Bica nos arredores da cidade do Rio de Janeiro e projetou o local como um arquivo vivo para a sua vasta coleção de plantas tropicais, muitas das quais encontrou em expedições de pesquisa em florestas tropicais. Acabou por

cultivar mais de 3,5 mil espécies nos quarenta acres do Sítio Roberto Burle Marx, como o local passou a ser chamado. Doado ao governo federal em 1985, foi reconhecido como patrimônio cultural nacional.

CARDIOPAD

O Cardiopad, um monitor cardíaco móvel projetado pelo engenheiro de softwares camaronês Arthur Zang (1987–), é um exemplo inspirador de dispositivo da Internet das Coisas que traz benefícios de saúde significativos para populações de áreas longínquas. As doenças cardíacas representam um grande problema de saúde em Camarões, que padece de insuficiência de equipes médicas especializadas e de equipamentos, sobretudo nas regiões rurais. Zang reconheceu o problema enquanto trabalhava como especialista em TI num hospital universitário e concebeu o Cardiopad como uma solução. Constituído como um tablet programado para monitorar os batimentos cardíacos dos pacientes, o aparelho envia dados via conexão por celular para a análise de cardiologistas que trabalham em instalações sofisticadas a centenas ou até mesmo milhares de quilômetros de distância. O diagnóstico é enviado para a equipe médica local, que então indica o tratamento necessário, poupando os pacientes de deslocamentos longos, cansativos e talvez desnecessários até um hospital.

CASTIGLIONI, ACHILLE

O designer industrial italiano Achille Castiglioni (1918–2002) nasceu em Milão, filho do escultor Giannino Castiglioni e de Livia Bolla. Assim como seus irmãos mais velhos, Livio e Pier Giacomo, Achille estudou arquitetura na Politécnica de Milão. Depois de formar-se e prestar serviço militar, ingressou no escritório de arquitetura que eles fundaram com seu amigo Luigi Caccia Dominioni. Boa parte do trabalho deles se deu em expografia, e seus cenários para a RAI, a emissora estatal italiana, foram importantes para firmar a Itália do pós-guerra como expoente do design contemporâneo sofisticado. Dominioni se desligou do escritório para atuar de modo autônomo em 1946 e Livio também saiu, seis anos depois. Pier Giacomo e Achille continuaram sua colaboração e desenvolveram mobiliário e iluminação elegantes e espirituosos para Flos, Cassina, Zanotta e outros fabricantes que estavam fomentando o "milagre econômico" da Itália. Após a morte de Pier Giacomo em 1968, Achille continuou atuando no estúdio da Piazza Castello de Milão, onde seus irmãos haviam montado um negócio próprio com Dominioni décadas antes. Quando ele morreu, em 2002, o estúdio foi preservado exatamente como estava em seu último dia de trabalho e hoje se encontra aberto ao público como um museu.

COOPER, MURIEL
Muriel Cooper (1925–94) foi excepcional ao se destacar em dois segmentos do design. Começou no âmbito tradicional dos impressos como designer da MIT Press, onde produziu livros cativantes, como o projeto original de *Aprendendo com Las Vegas*, de Robert Venturi, Denise Scott Brown e Steven Izenour (1972). Em seguida, construiu uma segunda carreira como pioneira do design digital. Depois de entrar por acaso numa aula do curso de verão sobre programação computacional no MIT em 1967, ela logo reconheceu a importância e o potencial criativo daquela área. Não que Cooper entendesse de tecnologia. "Não faz sentido nenhum para mim", afirmou. Então juntou forças com alguém que entendia, Ron MacNeil, para cofundar a Visible Language Workshop do MIT em 1974, a qual dirigiu até sua morte, em 1994. John Maeda, Lisa Strausfeld e outros programadores de computação e designers de softwares influentes foram alunos de Cooper quando ela buscava trazer a mesma clareza, engenhosidade, sagacidade e originalidade que distinguiam seu design de livros impressos às imagens em pixels nas telas. "As informações só são úteis", afirmava ela, "se puderem ser compreendidas."

COTTAM, HILARY
A cientista social britânica Hilary Cottam (1965–) fundou a Participle em 2007 como uma empresa social para prototipar projetos de design social destinados a reformular setores disfuncionais de serviços sociais e de saúde. Durante os anos 1990, Cottam trabalhou para a Unicef e o Banco Mundial como especialista em pobreza urbana.

Designers e projetos

Em seguida, fez experiências com design de escolas e prisões como fundadora do School Works e do Do Tank até ingressar, em 2001, no Design Council, órgão do Reino Unido com financiamento público voltado ao design. Seis anos depois, Cottam cofundou a Participle com o intuito de reconfigurar o Estado de bem-estar social. Entre outras iniciativas, a organização se dedicou a auxiliar pessoas expostas ao desemprego prolongado a se recolocar no mercado de trabalho, a incentivar jovens desestimulados a se envolver com as comunidades locais e a ajudar famílias a superar crises crônicas, além de melhorar a assistência a idosos. Depois de desenvolver abordagens novas nessas áreas, o objetivo da Participle era entregar o gerenciamento de longo prazo dos projetos aos próprios participantes ou a conselhos locais e demais organizações apropriadas. Essa diretriz garantiu que muitos dos projetos prosperassem em suas novas figurações depois que a Participle encerrou suas atividades, em 2015. Cottam continuou a desenvolver novas abordagens para o design de serviços sociais e de saúde e publicou um livro sobre a sua atuação na Participle, *Radical Help*, em 2018, além de um libelo em prol da reinvenção do Estado de bem-estar social, *Welfare 5.0*, em 2020.

DOUGLAS, EMORY

Nascido em 1943 em Grand Rapids, Michigan, Emory Douglas cresceu na área da Baía de San Francisco. Depois de uma detenção na adolescência, foi encarcerado num reformatório de Ontário, na Califórnia, em cuja gráfica aprendeu tipografia, layout e ilustração. Quando foi libertado, cursou design gráfico na [faculdade] San Francisco City College, então um núcleo dos movimentos em prol dos direitos civis e antibélicos. Lançou-se no ativismo e aderiu ao recém-formado Partido dos Panteras Negras [Black Panther Party] em 1967 e projetou o número de lançamento do seu jornal. Douglas atuou no *Black Panther* como artista revolucionário e, mais tarde, como ministro da Cultura do Partido dos Panteras Negras, até seu encerramento em 1980. Retratando a coragem das vítimas de violações dos direitos civis e da brutalidade policial, as imagens de Douglas eram publicadas no *Black Panther* e em cartazes colados ao redor da sede do partido em Oakland. Seu estilo gráfico distintivo, combinando contornos e cores fortes em imagens viscerais ou comoventes, criou uma identidade visual instantaneamente reconhecível para o movimento que cunhou o conceito de "radical chic", enquanto o próprio Douglas se transformou em modelo para designers ativistas mais jovens. Após o encerramento do *Black Panther*, ele ingressou no *San Francisco Sun Reporter*, um jornal comunitário no qual trabalhou por trinta anos. Retrospectivas da sua obra foram feitas no Museu de Arte Contemporânea de Los Angeles em 2007 e no New Museum de Nova York em 2009. Sua obra faz parte do acervo do National Museum of African American History and Culture de Washington DC e figurou na exposição *Soul of a Nation: Art in the Age of Black Power* [Alma de uma nação: arte da era da Black Power], realizada na Tate Modern de Londres em 2017.

DRESSER, CHRISTOPHER
Aos treze anos, Christopher Dresser (1834–1904) foi admitido na Government School of Design de Londres, onde os filhos de artesãos aprendiam design industrial. Em vez de aprender a desenhar mediante a representação da forma humana, tal como se dava com os estudantes de arte, Dresser e seus pares aprendiam por meio de flores e plantas. Depois de se destacar em seus estudos, ele ministrou palestras sobre "botânica artística" em meados dos anos 1850, ao mesmo tempo que abriu um ateliê que desenvolvia cerâmicas, peças de vidraria, trabalhos em metal, móveis, papéis de parede e tecidos, o que lhe propiciava estudar uma gama igualmente ampla de materiais de fabricação e técnicas de produção. Depois de se casar aos dezenove anos, viu-se sob pressão financeira para sustentar sua família crescente, e boa parte do seu trabalho inicial foi feita de forma anônima nas olarias Wedgwood e Minton. Mesmo assim, o ambicioso, enérgico e bem-apessoado Dresser logo foi reconhecido como um designer de produtos industriais extraordinariamente talentoso e prolífico. Ao longo da carreira travou estreitas relações com fabricantes especializados em técnicas diversas,

entre os quais os ourives dos estabelecimentos James Dixon & Sons, de Sheffield, e Hukin & Heath, de Birmingham. Em 1879, ele se uniu ao empreendedor John Harrison para montar a Linthorpe Art Pottery, em Teesside. A Linthorpe produziu mais de 2 mil peças de cerâmica, muitas delas projetadas por Dresser, nos seus dez anos de existência. Ele também deu continuidade à sua experiência com botânica, além de se dedicar ao artesanato japonês tradicional. Foi o primeiro designer industrial a ser amplamente reconhecido por dotar seu trabalho de sutileza e significado.

DREW, JANE

Sendo uma das poucas mulheres a quebrar o domínio masculino da arquitetura de meados do século XX, Jane Drew (1911-96) acostumou-se a ser tratada como esposa de arquiteto, e não como profissional com méritos próprios. Ela lidava com isso com dignidade e se esforçava para defender arquitetas mais jovens, inclusive as que contratou para trabalhar no escritório que dirigiu durante a Segunda Guerra Mundial, de início só com mulheres. Drew empregou os mesmos princípios de inteligência, graça e coragem ao longo da sua vida profissional como uma dedicada modernista na cultura conservadora da arquitetura britânica. Executou uma série de projetos públicos ambiciosos que contemplavam desde habitação social acessível na Grã-Bretanha do pós-guerra até escolas e moradias em Gana e na Nigéria. Drew e o marido, Maxwell Fry (1899-1987), também atuaram em colaboração estreita com os arquitetos suíços Le Corbusier e Pierre Jeanneret num dos mais ambiciosos programas arquitetônicos de meados do século XX: o projeto e a construção de Chandigar, a "Cidade Bela", como capital dos estados vizinhos do Punjabe e de Harianá da Índia pós-colonial. Ao lado de Jeanneret, eles passaram três anos trabalhando em Chandigar, onde Le Corbusier ia visitá-los nos dois meses mais amenos de cada ano.

EAMES, CHARLES E RAY

Charles Eames (1907-78) era um eminente professor de design (e notório sedutor no campus) da Cranbrook Academy of Art de Michigan em 1940 quando se apaixonou pela assistente de um de seus projetos, Ray Kaiser (1912–88). Casaram-se no ano seguinte, um mês depois que Charles concluiu seu divórcio da primeira esposa, e partiram para Los Angeles a fim de construir uma vida nova. Charles provinha o sustento do casal projetando cenários para o estúdio cinematográfico da MGM e levando disfarçadamente para casa pedaços de madeira compensada e demais materiais de que precisassem para fazer suas experiências no apartamento exíguo deles. Em 1943, montaram um estúdio de design numa garagem decrépita em Venice, onde trabalharam até a morte de Charles, em 1978, e a de Ray, dez anos depois. Além de desenvolver móveis e outros produtos para a Herman Miller e outros fabricantes, os Eames projetaram residências modernistas, inclusive a deles próprios, casas em sua maioria pré-fabricadas, numa campina em Pacific Palisades. Também se distinguiram como influentes designers da informação por meio das exposições e dos filmes educativos que fizeram para a IBM com o intuito de promover a divulgação e o conhecimento da importância das ciências, da matemática e da tecnologia.

FAIRPHONE

A empresa social holandesa Fairphone projeta smartphones que sejam ao mesmo tempo duráveis e produzidos de maneira ética, com materiais obtidos de forma responsável, muitos dos quais reciclados. Fundada em 2013 pelo designer de interações e defensor de design em código aberto Bas van Abel e sediada em Amsterdã, sua missão é "estreitar o hiato entre as pessoas e seus produtos. [...] Ao saber de onde exatamente as coisas vêm e como são produzidas, podemos tomar decisões esclarecidas sobre o que comprar". A Fairphone, que se considera uma obra em progresso, empenha-se constantemente em tornar a produção de seus celulares mais ética, responsável e sustentável. Para tanto, a empresa mapeia sua cadeia de suprimentos e seu modelo de negócios do início ao fim. Depois de recusar-se a usar minerais provenientes de zonas de conflito em seus produtos, a Fairphone adotou a diretriz de obter metais e outros materiais oriundos de antigas zonas de conflito com o intuito de contribuir para que tais regiões reconstruam suas economias e gerem empregos sustentáveis.

FAYAZ, MOHAMMED
Nascido em 1990 no seio de uma família indiana muçulmana dos bairros Jamaica Estates e Middle Village, situados no distrito de Queens, em Nova York, Mohammed Fayaz adorava desenhar na infância, mas sempre tratou isso apenas como um passatempo até conhecer Oscar Nñ e Adam Rhodes, fundadores do Papi Juice, coletivo de arte sediado no Brooklyn que organiza festas e outros eventos para celebrar pessoas racializadas, queer e trans. Eles deram a Fayaz seu primeiro serviço remunerado em 2013, oferecendo-lhe 30 dólares para projetar o folheto de divulgação de uma festa noturna. Fayaz atua junto a eles desde então, além de ilustrar cartazes, folhetos e outros materiais para grupos ativistas e organizações sem fins lucrativos, entre os quais a Brooklyn Liberation, o New York City Anti-Violence Project e o Brooklyn Museum. Fayaz consolidou um estilo singular de ilustração que retrata a diversidade, a complexidade, a espirituosidade, o encanto e a intensidade de comunidades racializadas, queer e trans.

FORMAFANTASMA
Os designers italianos Simone Farresin e Andrea Trimarchi (nascidos em 1980 e 1983, respectivamente) formaram o estúdio Formafanstasma quando se conheceram como alunos do Istituto Superiore per le Industrie Artistiche de Florença. Depois de se candidatarem juntos a uma vaga num curso de mestrado da Design Academy Eindhoven, nos Países Baixos, foram informados de que teriam de se candidatar individualmente; mas Farresin e Trimarchi insistiram e foram por fim autorizados a se graduar com um projeto colaborativo em 2009. Desde então desenvolvem objetos fundamentados em suas pesquisas sobre a relação do design com as mudanças climáticas, a ascensão do racismo, a migração e a crise dos refugiados, a pobreza rural e a história colonial e as tradições artesanais da Itália.

O Formafantasma concluiu seu primeiro projeto industrial, de iluminação para a fabricante italiana Flos, em 2017. Seu trabalho recente tem focado projetos de pesquisa intensiva sobre o impacto socioeconômico e ambiental de setores complexos e polêmicos do design, entre eles o do comércio global de resíduos eletrônicos, examinado em *Ore Streams*, de 2017, e o da indústria madeireira, examinado em *Cambio*, de 2020.

FRAGAPANE, FEDERICA
Numa época em que temos maior acesso a mais dados do que nunca e em que os avanços tecnológicos possibilitam que os designers desenvolvam formas cada vez mais precisas e ecléticas de analisá-los e apresentá-los, a visualização de dados tornou-se uma área dinâmica do design. A designer italiana Federica Fragapane (1988–) destaca-se nessa área, desenvolvendo uma série notável de visualizações de dados que analisam o impacto de questões sociais, políticas e ecológicas complexas e preocupantes. Durante a crise da covid-19, ela desenvolveu o Community Vulnerability Index [Índice de Vulnerabilidade Comunitária], a pedido da Surgo Foundation, para indicar as chances de o coronavírus ter mais impacto mortífero quanto maior a vulnerabilidade em termos de saúde, renda, etnicidade, geografia e qualidade habitacional, ambiental e de atendimento de saúde. Assim como todos os seus trabalhos, esse combinou a análise clara e precisa de dados pertinentes à capacidade de visualizá-los de forma elegante e envolvente, tornando mais provável que chamem a atenção do leitor. "Como designers de dados, temos a responsabilidade imensa de comunicar o que está acontecendo por meio das nossas visualizações", afirmou ela. "Para mim, é muito importante empregar minha função, minhas ferramentas e minhas competências para tratar do que está acontecendo agora e do que é mais importante, e fazer isso de forma responsável."

FULLER, R. BUCKMINSTER
A "meta simples da vida" do designer, engenheiro e ativista visionário estadunidense R. Buckminster Fuller (1895–1983) era "refazer o mundo", como

afirmou à revista *Fortune* em 1946. Não conseguiu, mas não por falta de tentativa. Vinte anos mais tarde, a revista *New Yorker* exaltou Fuller como "engenheiro, inventor, matemático, arquiteto, cartógrafo, filósofo, poeta, cosmólogo e abrangente designer". Até então, Bucky, como todo mundo o chamava, dizia ser um "cientista de design abrangente e antecipatório" e um "astronauta da Espaçonave Terra". Nascido no seio de uma família abastada da Nova Inglaterra, pertenceu à quinta geração dos Fuller do sexo masculino a ser admitida em Harvard e à primeira a não se formar. O início de sua carreira foi obstruído por dificuldades financeiras, mas ele perseverou na ambição de projetar uma nova forma de habitação — uma máquina de morar acessível (que não custasse mais do que um Cadillac), com eficiência energética e fabricada em série para transporte rápido. O sonho de Fuller era que uma residência se aquecesse e esfriasse de forma natural, gerasse a própria energia, exigisse manutenção mínima e pudesse ser reconfigurada sempre que seus moradores quisessem aumentá-la ou diminuí-la.

Bucky delineou várias versões da Dymaxion House a patir dos anos 1920 e adaptou o conceito original para projetar as Dymaxion Deployment Units, que forneceram acomodação para militares estadunidense na África do Norte após a Segunda Guerra Mundial. A solução que ele desenvolveu no fim dos anos 1940 para montar um abrigo emergencial com materiais descartados, o domo geodésico, é um dos projetos de design humanitário mais bem-sucedidos já executado.

GAMPER, MARTINO
Dos catorze aos dezenove anos, Martino Gamper (1971–) foi aprendiz de um artesão experiente que montava móveis de madeira sob encomenda em sua cidade natal, Merano, no Tirol italiano. Depois de perceber que não tinha jeito para o artesanato, estudou design de produtos em Viena. Em seguida, trabalhou em Milão para um dos seus professores, Matteo Thun, porém como os projetos de design industrial o exasperavam, resolveu trabalhar de acordo com diretrizes próprias como designer e construtor. Depois de concluir um mestrado na Royal College

of Art de Londres, abriu um estúdio onde projetava e montava móveis, muitas vezes utilizando materiais achados, e tocava variados projetos de design colaborativos com amigos. Em 2007, Gamper tornou-se internacionalmente conhecido graças ao projeto 100 Chairs in 100 Days em Londres. Cada cadeira era (literalmente) montada num único dia com pedaços de móveis velhos que ele resgatava de caçambas de lixo ou das ruas ao redor do seu estúdio, na região noroeste de Londres. Desde então, Gamper vem consolidando uma abordagem idiossincrática e eclética, que concilia comissionamentos particulares, colaborações com amigos artistas e designers em exposições em galerias de arte e espaços de design, além de projetos industriais para fabricantes como Magis e Moroso. "Estou interessado em me expressar", afirmou Gamper, "sem pensar em qual caixa eu caibo."

GARRETT, AGNES E RHODA
Após inúmeras rejeições, Agnes Garrett (1845–1935) e sua prima Rhoda Garrett (1841–82) finalmente conseguiram encontrar um arquiteto disposto a aceitá-las como aprendizes, porém ele as proibiu de frequentar os canteiros de obras. As Garrett aceitaram, sabendo que, como mulheres nos anos 1870, tinham sido muito sortudas de conseguir quaisquer postos de aprendizado. Depois de concluir o período de estágio, em 1874 se estabeleceram como "damas decoradoras" com apoio financeiro do pai de Agnes, um próspero negociante de grãos. Numa época em que as moradias britânicas eram escuras e excessivamente ornamentadas, a dupla imprimia um estilo mais luminoso e sutil às residências de amigos e parentes que atendiam, entre eles o compositor Hubert Parry e duas irmãs de Agnes: a sufragista Millicent Fawcett e a médica pioneira Elizabeth Garrett Anderson. As primas deram dicas práticas sobre como criar "interiores sólidos e despretensiosos" em seu livro *Suggestions on House Decoration*, de 1876, e respondiam a perguntas sobre decoração em ciclos de palestras sobre sufrágio feminino. Agnes ficou tão abalada quando Rhoda morreu de febre tifoide, em 1882, que pensou em fechar a empresa.

Porém prosseguiu, unindo a paixão pelo design e pela política ao planejar habitações para mulheres solteiras na qualidade de diretora fundadora da companhia Ladies' Residential Chambers, até se aposentar em 1905 para dedicar-se à campanha sufragista.

GRAN FURY
Fundado em Nova York em 1988, o Gran Fury foi um coletivo de designers e artistas ativistas empenhados em promover a conscientização sobre a aids e corrigir as concepções errôneas e a desinformação a respeito da doença. Com o nome de um modelo de automóvel que costumava ser usado para vigilância pelo Departamento de Polícia de Nova York, o Gran Fury de início fazia parte da ACT UP (Aids Coalition to Unleash Power), mas logo resolveu atuar de forma independente. Até sua dissolução em 1986, o grupo produzia cartazes, faixas, camisetas e adesivos para instruir as pessoas sobre a realidade da aids. Contando com parcos recursos financeiros, sua atuação era incisiva, espirituosa e provocativa, criando slogans como "Beijar não mata: a ganância e a indiferença sim" e "Todas as pessoas com aids são inocentes". Alguns projetos do Gran Fury foram financiados por instituições culturais, como o New Museum e o Whitney Museum de Nova York e o Museu de Arte Contemporânea de Los Angeles, mas seus trabalhos eram sempre exibidos em locais públicos e não em galerias, com o intuito de alcançar um público o mais amplo possível.

GRANDE MURALHA VERDE
O programa da Grande Muralha Verde da África, uma empreitada épica, foi lançado em 2007 pela União Africana com o objetivo de recuperar terras na região do Sahel com o plantio de uma faixa de vegetação de 8 mil quilômetros no extremo sul do deserto do Saara, de costa a costa na África, desde o Senegal, à margem do oceano Atlântico, até Djibouti, à margem do Golfo de Áden. Vinte e um países já participam do programa, executado como uma iniciativa coletiva sob direção africana com o apoio da Convenção das Nações Unidas para o Combate à Desertificação. Como seria de esperar, eles estão progredindo em ritmos diversos

e com prioridades diversas. Etiópia e Senegal estão entre os mais ativos no plantio de árvores, enquanto Níger vem procurando principalmente estimular agricultores a resgatar métodos tradicionais da região de irrigação e contenção de erosão do solo. No início de 2021, quando mais de 1,2 mil quilômetros de vegetação já haviam sido plantados, a Grande Muralha Verde obteve um financiamento de 14 bilhões de dólares de um consórcio de doadores encabeçado pelo Banco Mundial e pelo governo francês. Esse financiamento aumenta de forma significativa a probabilidade de finalização da Grande Muralha Verde, que se tornaria a maior estrutura de organismos vivos do mundo, três vezes superior à Grande Barreira de Corais.

GROOTENS, JOOST
Em *I Swear I Use No Art at All: 10 Years, 100 Books, 18,788 Pages of Book Design* [Juro que não uso arte nenhuma: 10 anos, 100 livros, 18.788 páginas de design de livros], de 2010, Joost Grootens (1971–) expõe o processo de design de livros não só em palavras, mas também em mapas, gráficos, tabelas e outros infográficos. A obra traz plantas baixas de cada escritório e cada estúdio em que ele trabalhou, com números codificados para indicar quem se sentava em cada lugar. Um mapa da Europa setentrional mostra as cidades onde Grootens, que reside em Amsterdã, participou de reuniões, imprimiu livros e compareceu a lançamentos. Há exemplos das tipografias que ele usou, fotos da encadernação de cada livro e diagramas codificados dos layouts. Também se relacionam todos os autores, editores, gráficos e colegas colaboradores. Grootens começou estudando arquitetura e trabalhou com multimídia até que um editor solicitou que produzisse a versão em livro de um CD-ROM. Ele aprendeu a fazer sozinho, escaneando e desenhando páginas de livros que admirava. Desde então tem se especializado em reinventar tipologias de publicações tradicionais, como atlas e dicionários, de modo a torná-las superiores às suas equivalentes digitais. "A qualidade das imagens, a concentração das informações e sua materialidade são características que o livro possui de vantagem em

relação a uma tela de computador", afirmou ele. "O designer deve explorar esses aspectos ao máximo."

HE, JING

Para realizar seu projeto de graduação na Design Academy Eindhoven de 2016, Jing He (1984–) examinou a função da cópia na constituição da identidade do design chinês. Ela escolheu como exemplo a pirâmide de tulipas, uma invenção holandesa do século XVII que imitava o formato, o simbolismo e o material dos pagodes chineses. Jing He convidou cinco jovens designers chineses de diversos setores para conceber cada qual duas camadas de uma nova pirâmide de tulipas. Ela própria projetou uma segunda pirâmide, em que unia sua interpretação de exemplos bem conhecidos do design holandês ao seu próprio trabalho. Nascida em Kunming, no sul da China, Jing He estudou joalheria, primeiramente na Central Academy of Fine Arts de Pequim e depois na Gerrit Rietveld Academy de Amsterdã, até concluir um mestrado em design contextual na Design Academy Eindhoven. Ela continua a abordar questões de identidade cultural e migração em projetos de pesquisa em design e de cunho conceitual.

HALSTRØM, CHRIS LILJENBERG

Nascida em Glostrup (1977–), na Dinamarca, de mãe sueca e pai dinamarquês, Chris Liljenberg Halstrøm estudou design de produtos na Suécia e na Alemanha antes de matricular-se na Royal Danish Academy of Fine Arts de Copenhague. Depois de se formar em 2007, montou um estúdio naqula cidade. Halstrøm combina comissionamentos de fabricantes de móveis dinamarquesas, como Skagerak, Frama, A. Petersen e +Halle, a projetos experimentais de produtos e em bordado. A coleção de móveis de madeira Georg projetada para a Skagerak ganhou vários prêmios de design internacionais. Desde 2014, Halstrøm vem atuando com a designer têxtil Margrethe Odgaard no Included Middle, um projeto colaborativo em que elas desenvolvem objetos que exploram a relação entre forma, cor e padrão. Halstrøm configurou uma linguagem de design disciplinada, porém sensorial, para produtos de formato, cor e simbolismo delicados e discretos, e por conseguinte abertos à interpretação individual.

HARRISON, CHARLES
Um dos mais prolíficos designers de bens de consumo estadunidenses do final do século XX, Charles Harrison (1931–2018) superou o preconceito e a opressão e consolidou uma carreira bem-sucedida ao tornar-se o primeiro afro-americano a ganhar o National Design Award na categoria Lifetime Achievement, em 2008. Nascido em Shreveport, Louisiana, Harrison foi introduzido ao design por seu pai, um professor universitário de artes industriais. Outra importante influência precoce veio do avô materno, que, assim como o pai de Harrison, adorava marcenaria. Depois de estudar design na School of the Art Institute of Chicago e no Illinois Institute of Technology, Harrison trabalhou em consultorias de design comercial em Chicago, prestando vários serviços para o grupo de varejo Sears. Em 1961, a empresa lhe ofereceu um posto de trabalho, e Harrison se tornou o primeiro executivo afro-americano a trabalhar na sede em Chicago. Ele já havia se candidatado a um cargo na Sears anos antes, mas foi rejeitado por causa da diretriz tácita da empresa de não contratar afro-americanos. Ao longo de mais de trinta anos como chefe de design da Sears, Harrison participou do desenvolvimento de mais de seiscentos produtos, entre eles secadores de cabelos, ferramentas elétricas, torradeiras, cortadores de grama, carrinhos de mão e a primeira lata de lixo de plástico. Depois de sair da empresa em 1993, Harrison lecionou na University of Illinois e na School of the Art Institute of Chicago em disciplinas de design. Ao longo da carreira, promoveu uma abordagem funcional do design: "Se algo não faz o que deveria fazer nem se parece com o que faz, não me interessa". E afirmou: "Não acho que um quebra-nozes tenha de se parecer com um elefante".

JONGERIUS, HELLA
Depois de concluir o ensino médio no povoado holandês de De Meern, Hella Jongerius (1963–) matriculou-se num curso de marcenaria e estudou design de produtos na Design Academy Eindhoven. Formou-

-se em 1993 e montou um estúdio em Roterdã, expondo seus trabalhos em conjunto com os de outros jovens designers holandeses do grupo Droog Design. Jongerius experimentou meios de dotar objetos fabricados em série da sutileza, da idiossincrasia e da simpatia que as pessoas valorizam no artesanato. Muitas vezes empregou referências artesanais para dar a impressão de que um objeto tinha sido feito à mão, adicionando imperfeições ínfimas características de potes antigos ou artesanato. Em 2008, transferiu seu estúdio de Roterdã para Berlim. Muitas de suas produções iniciais foram edições limitadas autofinanciadas, mas depois Jongerius trabalhou em escala industrial para marcas globais, como o grupo de varejo IKEA, a companhia aérea holandesa KLM, a empresa têxtil estadunidense Maharam e a fabricante de móveis suíça Vitra, para a qual realizou um estudo de longo prazo sobre materiais e cores. Além de fazer experiências pessoais com tecelagem e outros elementos do design e da produção têxteis, Jongerius colaborou com a crítica de design holandesa Louise Schouwenberg em "Beyond the New" [Além do novo], uma campanha para estimular designers a serem mais responsáveis no uso de recursos naturais. Como afirmou Jongerius: "Tem muito design de merda".

KÉRÉ, DIÉBÉDO FRANCIS
Na sua infância, o arquiteto burquinense Diébédo Francis Kéré (1965–) percorria cerca de quarenta quilômetros para frequentar a escola mais próxima de Gando, o povoado onde nasceu. Quando Kéré partiu de Burquina Faso para estudar arquitetura em Berlim, tornando-se o primeiro nativo de Gando a se formar no exterior, os idosos do povoado lhe deram como lembranças moedas que, segundo a crença, o fariam retornar e ajudar a gente local. Convicto de que o povoado precisava de uma boa escola, ele se pôs a angariar fundos para projetá-la e construí-la. Além de convencer seus amigos de Berlim a apoiar o projeto, Kéré obteve um subsídio do governo burquinense para instruir gente local a construir as paredes e os tetos da escola com argila encontrada na localidade. Cada elemento da estrutura foi pro-

jetado para proteger os alunos do clima intenso de Gando, abrigando-os dos extremos de sol escaldante e chuvas torrenciais e tornando o interior tão fresco quanto possível. A escola foi concluída em 2001 e se mostrou tão eficaz que Kéré, sediado em Berlim, a expandiu e projetou mais edificações educacionais para o povoado. Vencedor do prêmio Pritzker de arquitetura de 2022, ele também já trabalhou em projetos arquitetônicos em outras áreas de Burquina Faso, bem como no Mali, no Iêmen, na China, na Suíça e no Reino Unido.

LAMB, MAX
O designer britânico Max Lamb (1980–) combina tecnologias avançadas com técnicas artesanais para desenvolver móveis e outros objetos inspirados por suas lembranças de infância acerca do campo e do artesanato rural. Seus trabalhos se caracterizam pelo fascínio com certos materiais e as histórias por trás deles. Lamb transformou um freixo morto de 187 anos da fazenda de seu avô, no norte de Yorkshire, em 131 cadeiras, mesas e bancos de toras. A fórmula para um novo mármore sintético foi composta mediante a combinação de quatro tipos de mármore, cada qual com uma história interessante, extraídos de minas perto de Verona, no norte da Itália. A coleção Crockery de pratos, tigelas, xícaras e jarros, que Lamb projetou para a fabricante de cerâmicas britânica 1882 Ltd, foi inspirada pela correnteza branca de argila liquefeita que escorria perto de sua casa de infância na Cornualha em meio à chuva pesada. Os artigos da Crockery são em parte produzidos com o mesmo tipo de argila, usando moldes que Lamb elaborou entalhando blocos de gesso com cinzel de modo que as superfícies tenham um aspecto tão inusitado e irregular que objetos idênticos pareçam únicos.

MAHER, GABRIEL A.
A questão de gênero é o foco dos trabalhos de Gabriel A. Maher em pesquisas sobre design e em projetos conceituais e performativos. Além de examinar a influência da atividade e da mídia em nossas percepções de gênero, Maher (nascide em 1983) explora a possibilidade de alternativas mais versáteis e expressivas

numa série de projetos denominada DE_SIGN. Nascide em Sydney, na Austrália, Maher estudou arquitetura e design de interiores na University of New South Wales antes de lecionar e atuar profissionalmente em Sydney e em Melbourne. Em 2012, estabeleceu-se nos Países Baixos para cursar um mestrado em design social na Design Academy Eindhoven. Graduou-se em 2014 com um projeto de pesquisa que analisou a representação de gênero nos números de um ano da revista de design holandesa *Frame*.

MEINDERTSMA, CHRISTIEN
O primeiro projeto de design de Christien Meindertsma consistiu em comprar, classificar e registrar 3.267 objetos confiscados em verificações de segurança durante uma semana no Aeroporto de Schiphol, de Amsterdã, logo depois dos ataques terroristas de 11 de setembro. Desde que concluiu o projeto em 2004 e graduou-se na Design Academy Eindhoven dos Países Baixos um ano mais tarde, Meindertsma (1980–) realiza um processo de pesquisa igualmente rigoroso em que explora diversos temas, como a colheita de linho de uma fazenda holandesa, a produção de tricô de uma mulher, as plantas nativas da pradaria em Nachusa Grasslands, em Illinois, o conteúdo de um porco e tudo o que sobrou das carcaças de bichos atropelados numa reserva natural holandesa depois que os necrófagos se alimentaram deles. Todos os seus trabalhos manifestam descobertas e insights inusitados. Meindertsma também se empenha em gerar coisas úteis a partir de outras que costumam ser desdenhadas como estragadas, imprestáveis ou sem valor. Fez uma cadeira com linho e papéis coloridos com requinte usando plantas de pradaria e pesquisou novos usos para velhos revestimentos de piso de linóleo. Os trabalhos feitos com as partes de porco suscitaram uma denúncia eloquente da ambiguidade e da hipocrisia das políticas referentes a alimentos e à criação de animais, enquanto os restos de bichos atropelados foram reinventados como um conjunto elegante de objetos de porcelana.

MEMPHIS
Na noite de 11 de dezembro de 1980, Ettore Sottsass, então com 61 anos de idade, reuniu designers mais jovens em seu apartamento em Milão e os incentivou a colaborar com uma coleção de móveis a ser exposta na Feira de Móveis de Milão de 1981. Aquilo se destinava a ser um protesto contra o estilo modernista ascético que vinha caracterizando o design industrial havia décadas. O grupo adotou o nome Memphis porque naquela noite estava tocando na vitrola "Stuck Inside of Mobile" de Bob Dylan e a agulha travou no trecho da letra que mencionava "Memphis blues again" [o blues de Memphis outra vez]. Os móveis projetados eram extravagantes, coloridos e alegremente kitsch. Do ponto de vista conceitual, o Memphis estava longe de ser inovador: a maior parte das suas ideias já tinha sido elaborada nos anos 1970 por grupos do Radical Design como o Studio Alchimia, com o qual Sottsass havia colaborado ao lado de seu amigo Alessandro Mendini. Só que o Memphis teve mais visibilidade, graças ao dom de Sottsass para o marketing. Formaram-se longas filas de gente à espera da abertura da exposição de estreia na Feira de Milão. Fotos de Sottsass posando com seus jovens colaboradores num *lounge* em forma de ringue de boxe, projetado pelo designer japonês Masanori Umeda, foram reproduzidas em revistas de design em todo o mundo. Espalhafatoso e midiático, o Memphis apresentava uma teoria pós-moderna de design — em voga, mas muitas vezes enigmática — sob uma aparência acessível, como as fotos populares de Ronald Reagan na Presidência e dos [músicos pop] New Romantics de pantalonas exibindo-se em antigos vídeos promocionais na MTV. Só que havia mais laminados plásticos com estampa de leopardo do que Sottsass pudesse suportar, de modo que em 1985 ele largou o Memphis, seguido enfim pela maioria dos seus jovens colaboradores.

MENDINI, ALESSANDRO
O designer de produtos e arquiteto italiano Alessandro Mendini (1931–2019) nasceu no seio de uma abastada família milanesa e estudou arquitetura na Politécnica de

Milão. Depois de se formar, trabalhou no escritório de arquitetura de Marcello Nizzoli, então consultor-geral de design da Olivetti, empresa de produtos eletrônicos italiana que ele consolidou como um modelo de design corporativo moderno. No fim dos anos 1960, Mendini já tinha no histórico um envolvimento com o movimento italiano Radical Design, no qual grupos como o Archizoom e o Superstudio tratavam o design como uma ferramenta conceitual para contestar o establishment elaborando projetos utópicos. Depois de defender o Radical Design como editor da revista de design *Casabella* no início dos anos 1970, Mendini apoiou o pós-modernismo como editor-chefe da revista *Domus* no fim dos anos 1970 e no início dos anos 1980. Durante esse período, continuou a elaborar projetos conceituais altamente politizados; por exemplo, filmou a queima completa de sua arquetípica cadeira de madeira Lassù, de 1974. Mendini deixou a *Domus* em 1985 para abrir um escritório de arquitetura com seu irmão mais novo, Francesco (1939–), no qual se notabilizou liderando um grupo internacional de arquitetos que projetaram o Groninger Museum, dos Países Baixos.

MOHOLY-NAGY, LÁSZLÓ
Um dos designers e teóricos da visualidade mais dinâmicos do começo do século XX, László Moholy-Nagy (1895–1946) nasceu no seio de uma família judia bem relacionada, porém com parcos recursos financeiros, em Bácsborsód, no sul da Hungria. Depois de combater no Exército húngaro durante a Primeira Guerra Mundial, estudou arte em Budapeste e participou dos grupos construtivistas que surgiam na cidade à época. Moholy-Nagy partiu da Hungria em 1919 para morar em Viena e depois em Berlim, onde se firmou como um artista de vanguarda e teórico carismático. Continuou a fazer experiências com novas ferramentas, dentre as quais a fotografia e o cinema, como professor da Bauhaus em meados dos anos 1920, durante seus breves exílios nos Países Baixos e na Grã-Bretanha e nas duas escolas de design que abriu em Chicago depois de migrar para os Estados Unidos com sua família, em 1937. Prolífico e inovador, Moholy-Nagy pro-

duziu uma obra vasta e eclética, abrangendo desenhos, pinturas, fotografia, filmes, cenografia, design gráfico, escultura e design industrial, além de escrever um fluxo constante de artigos e livros que culminou em *Vision in Motion* [Visão em movimento], publicado um ano após sua morte. Há tempos admirado por suas experiências com cinema e fotografia, assim como por suas atuações em diversos campos criativos, Moholy-Nagy vem sendo cada vez mais reconhecido como uma influência prematura importante sobre o design de imagens digitais.

MOLLINO, CARLO
Exímio designer de móveis italiano de meados do século xx, Carlo Mollino (1905–73) diferenciou-se do establishment do design milanês por residir e trabalhar em Turim, sua cidade natal. Indivíduo complexo, com frequência teimoso, Mollino foi chamado pelo pai, um industrial rico, de "vagabundo irresponsável" e por um colega de universidade de "diabólico". Cultivou sua reputação como "príncipe sombrio do design italiano" graças a seu ar de mistério e seu estilo de vilão bigodudo de pantomima. Tantos mitos acerca de Mollino vieram à tona desde sua morte súbita em 1973 que é difícil distinguir fato de ficção. Ele realmente dormia o dia inteiro e trabalhava à noite? Disputou uma corrida em Le Mans com um carro que ele mesmo projetou? Fazia questão de que seus móveis fossem montados somente aos domingos, quando ninguém os veria nas oficinas? Bateu seu avião num cabo de alta voltagem e saiu andando ileso dos destroços? Mollino foi talentoso e disciplinado mas também decadente; a arquitetura, os interiores e os objetos que projetou em sua nativa Turim eram originais e engenhosos, e permaneceram bastante influentes.

MONDERMAN, HANS
Nascido em Leeuwarden, na Holanda do Norte, Hans Monderman (1945–2008) começou a carreira como engenheiro civil, mas logo passou a se interessar tanto pelo modo como as pessoas reagem ao tráfego como pela construção de estradas. A fim de compreender melhor a psicologia dos usuários de vias públicas, Monderman habilitou-se como professor de

direção de veículos e se tornou perito em investigação de acidentes. Em 1979, encontrou uma função que combinava todos os seus interesses, ao se tornar consultor de segurança de trânsito da Frísia. Durante os anos 1980 e 1990, Monderman realizou uma série de experimentos radicais em relação ao tráfego nas vias públicas de várias localidades da região. Removeu placas e outros controles de trânsito sob a convicção de que, se motoristas e pedestres ficassem desorientados, tenderiam a proceder com maior cautela. Desde então, as "ruas compartilhadas" ou "peladas" de Monderman têm sido implementadas por prefeituras em diversos cantos do mundo.

THE OCEAN CLEANUP

Os resíduos plásticos que degradam os oceanos são um dos maiores problemas de poluição, em especial no Pacífico Norte, onde o plástico representa o volume principal da Grande Mancha de Lixo que ali se acumulou e cujo tamanho já ultrapassa o do território do Texas. Sediado em Delft, nos Países Baixos, o Ocean Cleanup foi fundado em 2013 por Boyan Slat (1994–), que formulou o conceito quando ali estudava engenharia aeroespacial. Slat montou uma campanha ardorosa de financiamento coletivo para obter o capital necessário para concluir a prototipagem e as testagens iniciais de uma estrutura flutuante gigantesca destinada a remover lixo plástico das águas e encaminhá-lo para descarte responsável em terra seca e para reciclagem. Em 2014, conseguiu angariar o valor recorde de 2,2 milhões de dólares de financiamento coletivo proveniente de 38 mil doadores de 160 países e em seguida montou uma equipe de designers, cientistas, engenheiros e outros especialistas para refinar a tecnologia. Apesar das críticas de cientistas e ambientalistas, a Ocean Cleanup testou a estrutura flutuante no mar do Norte, ao largo da costa holandesa, e em 2017 anunciou ter arrecadado 22 milhões de dólares adicionais em doações, elevando o total para 31,5 milhões de dólares. Em 2021 concluiu os testes em mar aberto e passou a recolher lixo plástico no Pacífico, reciclando a coleta. A Ocean Cleanup também projetou um novo sistema, o Interceptor, desenvolvido para remover lixo plástico de rios e assim impedir que o material chegue aos oceanos.

PAPANEK, VICTOR
Nascido na "Viena Vermelha", Victor Papanek (1923-98) estudou na Inglaterra e depois mudou-se para os Estados Unidos em 1939 para escapar da Segunda Guerra Mundial. Após frequentar a escola de arquitetura dirigida pelo seu ídolo, Frank Lloyd Wright, em Taliesin West, no Arizona, Papanek estudou arquitetura e design na [faculdade] Cooper Union de Nova York e matriculou-se num curso de engenharia criativa no Massachusetts Institute of Technology (MIT). Depois de experimentar — e detestar — trabalhar com design comercial, dedicou-se a uma carreira em magistério e pesquisas sobre design, conduzindo projetos antropológicos ao residir em meio a comunidades de navajos, inuítes e outros povos indígenas. Papanek condensou suas observações no livro *Design for the Real World: Human Ecology and Social Change* [Design para o mundo real: ecologia humana e mudança social], de 1971, que expõe sua concepção de design humanizado e sustentável. Repleto de referências a Hermann Hesse, Arthur Koestler, às moradias pós-industriais da comuna de Drop City no Colorado e a uma fazenda californiana mantida com energia proveniente do estrume de porcos, *Design for the Real World* é um dos livros sobre design mais vendidos de todos os tempos.

PERRIAND, CHARLOTTE
A designer e arquiteta francesa inventiva e resiliente Charlotte Perriand (1903-99) deu importante contribuição ao modernismo ao mesmo tempo que se dedicou a preocupações sociopolíticas. Como seus pais eram trabalhadores qualificados no ramo da alta costura parisiense, ela cresceu cercada por artesãos e estudou design de interiores na Union Centrale des Arts Décoratifs. Em seguida, Perriand ingressou no escritório de Le Corbusier em Paris, onde passou a projetar móveis para as edificações dele. Na época, praticava um estilo de design tecnocrático, de elegância glacial, mas a partir do final dos anos 1930 experimentou aplicar princípios moder-

nistas aos materiais rústicos e ao simbolismo da Saboia, a região alpina onde seus avós residiam. Sua adesão sistêmica ao modernismo se refinou com o estudo do artesanato asiático tradicional quando ela se viu retida no Japão e no Vietnã durante a Segunda Guerra Mundial. De volta à França após a guerra, Perriand firmou-se como arquiteta com encomendas para a Air France e outras empresas, além de um projeto de design para uma nova estação de esqui em Méribel, na sua querida Saboia.

PICK, FRANK
Não é mera coincidência o fato de que um dos mais apreciados símbolos de Londres, o engenhoso mapa diagramático do metrô, projetado pelo desenhista Harry Beck, tenha sido apresentado em 1933, mesmo ano em que Frank Pick se tornou diretor administrativo do recém-criado London Passenger Transport Board. Advogado licenciado, Pick (1878–1941) ingressou na companhia do metrô londrino em 1906 como assistente da vice-presidência. À medida que ocupava postos superiores, cultivou um discernimento de sofisticação excepcional quanto à importância do design na caracterização da identidade da rede de estações. Graças à sua influência, artistas como Man Ray, Graham Sutherland, Edward McKnight Kauffer e Paul Nash foram chamados para projetar cartazes, assim como se deu com László Moholy-Nagy. Pick também contribuiu para que Edward Johnston projetasse a tipografia do metrô londrino e seu famoso símbolo circular [*roundel*] em vermelho, branco e azul. De maneira fundamental, Pick entendeu que, para que os projetos de design que contratava fossem efetivos, teriam de ser conservados com cuidado. Portanto, até se aposentar, em 1940, ele percorria toda a rede à noite e nos fins de semana para conferir se tudo estava em ordem. Pick tomava nota de quaisquer problemas e no dia seguinte disparava memorandos instruindo o pessoal responsável pelas estações a remover cartazes em mau estado ou a reparar estofamentos avariados.

PILLOTON, EMILY
Depois de iniciar o Project H em 2008 em seu laptop sobre a mesa da sala de jantar da casa

de seus pais em Kentfield, na Califórnia, com mil dólares de economias, a designer estadunidense Emily Pilloton (1981–) consolidou-o como uma rede internacional de designers humanitários. Ansiosa para retornar ao ativismo comunitário, cofundou o Studio H como um curso de design experimental para estudantes do ensino médio. O Studio H busca munir adolescentes de habilidades em design e construção como recursos que poderão usar para toda a vida, a fim de ajudá-los a se tornar mais confiantes, desenvoltos e imaginativos. Pilloton desenvolveu [o programa] Girls Garage como uma série de oficinas de verão ministradas após o horário escolar, com vistas a ensinar garotas e jovens com as mais diversas identidades de gênero na faixa etária de nove a dezessete anos. Abrangendo design, eletrônica, marcenaria, arquitetura, engenharia, soldagem, consertos e liderança, as oficinas destinam-se a "dar confiança, determinação e a convicção de que tudo é possível na vida e no mundo". Cada graduada recebe um certificado de Fearless Builder Girl [garota construtora destemida]. O lema do programa é: "Derreta o metal. Crie problemas. Fale alto. Destaque-se". Pilloton também lançou o programa Unprofessional Development para ajudar professores a aprender a ensinar habilidades em design e construção.

PORSET, CLARA
Apesar de ter se afastado da sua nativa Cuba não uma nem duas, mas três vezes, Clara Porset (1895–1981) tornou-se uma das designers de móveis mais influentes do século xx ali e em seu país adotado: o México. Nascida no seio de uma abastada família cubana, Porset estudou em Nova York e em Paris antes de retornar à sua pátria em 1932, mas não pôde permanecer ali em razão de seu posicionamento político radical. Radicou-se no México, onde conheceu seu companheiro, o artista e ativista Xavier Guerrero. Os dois viajaram pelo país, visitando oficinas de artesanato e pesquisando a herança artesanal mexicana. Nos móveis que projetou para Luis Barragán, Enrique Yáñez e outros arquitetos, ela criou uma linguagem singular, unindo a eficiência modernista às propriedades

sensórias que tanto prezava na cultura artesanal mexicana. A exposição *El arte en la vida diaria,* que ela curou no Palacio de Bellas Artes da Cidade do México em 1952, combinou artefatos industriais e artesanais numa manifestação da convicção de que artesanato e indústria poderiam se enriquecer mutuamente. O sucesso de Porset no México levou Fidel Castro, depois que ele assumiu o poder em 1959, a chamá-la de volta a Cuba para que montasse uma escola de design. Porém ela e Guerrero acabaram voltando para o México em 1963, depois de se indisporem com seus colegas na escola e com o regime castrista.

POTTERS FOR PEACE
Um dos meios mais eficientes de ajudar bilhões de pessoas sem acesso a água potável em âmbito mundial é o Ceramic Water Filter Project, conduzido pela organização sem fins lucrativos Potters for Peace, sediada nos Estados Unidos. Em 1981, o designer e químico guatemalteco Fernando Mazariegos concebeu o projeto de um filtro d'água em forma de balde a ser produzido com terracota local misturada com serragem ou cascas de arroz. Os filtros são cozidos a temperaturas tão altas que a argila se torna porosa o bastante para que a água a atravesse e quaisquer impurezas sejam retidas. Em 1998, quando integrantes da Potters for Peace buscaram socorrer vítimas do furacão Mitch na América Central, descobriram os filtros de Mazariegos. A organização montou uma oficina na Nicarágua, que produziu mais de 5 mil filtros em seis meses. Constatando que o meio mais eficiente de incrementar a produção consistiria em ensinar as comunidades locais a produzir os filtros por si mesmas, deu início a um programa de longo prazo para esse fim. Desde então, a Potters for Peace tem auxiliado na criação de oficinas em dezenas de países e distribuído centenas de milhares de filtros para pessoas com necessidade urgente de água potável.

PROUVÉ, JEAN
O designer, arquiteto e fabricante francês Jean Prouvé (1901–84) se dedicou ardorosamente ao ideal modernista de empregar o design e a tecnologia para melhorar as condições de vida das massas. Nascido

em Paris, cresceu em Nancy, onde seu pai, Victor, cofundou a École de Nancy, um grupo de artistas, artesãos e industrialistas locais que promoviam o art nouveau. Depois de ser aprendiz de mestres ferreiros em Paris, Prouvé montou uma serralheria em Nancy em 1923, fazendo grades e portas de ferro forjado e depois móveis e outros componentes arquitetônicos para escolas, fábricas e hospitais. Adotando um partido definitivamente funcional, Prouvé produzia cada peça para que cumprisse sua função, usando o mínimo de materiais. Durante a Segunda Guerra Mundial, ele se juntou à Resistência francesa e deu início à pesquisa sobre design de estruturas pré-fabricadas para montagem rápida, que aplicaria à demanda habitacional após a guerra. Prouvé desenvolveu formas de pré-fabricação muito sofisticadas no estabelecimento fabril que abriu em Nancy em 1947, mas, passados cinco anos, foi despejado dali por seu financiador. "Se as pessoas entenderem, não é preciso explicar", escreveu certa vez. "Se não entenderem, não adianta explicar."

RAMS, DIETER
Ao longo de mais de trinta anos como diretor de design da empresa de produtos eletrônicos alemã Braun, Dieter Rams (1932–) consolidou uma abordagem inteligente, empática e eficiente, que auxiliou os consumidores do pós-guerra a lidar com o até então desconcertante mundo da eletrônica. O trabalho de Rams na Braun tem servido como modelo de design moderno desde então. Nascido em Wiesbaden, Rams estudou arquitetura e design de interiores na escola de arte local. Depois de se formar em 1953, ingressou no escritório de um arquiteto de Frankfurt. Em 1955, ele e seus colegas viram um anúncio de emprego num jornal local para o cargo de arquiteto na Braun e lançaram o desafio mútuo de se candidatarem. Rams foi o contratado. Depois de começar na Braun projetando estandes, passou a desenhar os produtos. O primeiro no qual trabalhou do início ao fim foi o SK4, um conjunto de toca-discos e rádio de 1956 cuja estética glacial lhe rendeu o apelido de "caixão da Branca de Neve". Além das centenas de produtos que desenvolveu na Braun, Rams

passou a projetar sistemas de móveis modulares para a fabricante Vitsoe, entre os quais gaveteiros, assentos, escrivaninhas e mesas que podem ser configurados como convier a cada usuário.

REICH, LILLY
Quando conheceu o arquiteto Mies van der Rohe, em 1926, Lilly Reich (1885–1947) já tinha se firmado entre os designers de interiores mais inovadores da Alemanha e era a primeira mulher a ter integrado a junta diretiva da Deutscher Werkbund [Associação Alemã de Artesãos]. Ela e Mies tornaram-se amantes, mas mantiveram os próprios estúdios enquanto colaboravam em exposições de habitação, construção e vestuário, assim como no design dos móveis e interiores das edificações de Mies, entre elas o Pavilhão de Barcelona e a Villa Brno. Dois anos depois de se tornar diretor da Bauhaus em 1930, Mies nomeou Reich como diretora dos cursos de tecelagem e interiores. Ela conduziu boa parte da administração da escola até que os nazistas a fecharam, em 1933. Mies fugiu para o exílio nos Estados Unidos, onde se tornou um dos mais eminentes arquitetos do pós-guerra. Reich padeceu muito com as dificuldades da vida na Alemanha nos tempos da guerra e morreu dois anos depois de seu término. Graças à sua coragem e presciência, os arquivos dos trabalhos de Mies do pré-guerra, assim como da sua própria produção, sobreviveram à guerra intactos e hoje fazem parte do acervo do Museu de Arte Moderna de Nova York. Não há como saber a dimensão exata da influência de Reich na arquitetura de Mies, mas os interiores das edificações do pós-guerra feitos por ele raramente se mostraram tão refinados e sensoriais quanto os projetados em colaboração com ela.

ROSENBAUM, MARCELO
Após construir uma carreira bem-sucedida como um dos designers de produtos e arquitetos de varejo mais influentes do Brasil na Rosenbaum Arquitetura e Design, fundada em São Paulo em 1994, Marcelo Rosenbaum decidiu focar sua prática no desenvolvimento de projetos de design com impacto social e ambiental. Seu objetivo é combinar os

avanços tecnológicos às habilidades ancestrais, sabedorias e metodologias das comunidades originárias em todo o Brasil para criar formas de viver de maneira sustentável e responsável do ponto de vista ecológico e social. Em 2016, fundou o Instituto A Gente Transforma como uma organização sem fins lucrativos, comprometida com esses objetivos. As prioridades são fortalecer as comunidades rurais, dissuadindo as pessoas de deixá-las, ao mesmo tempo que preserva os recursos naturais, em especial as florestas, e cria novos empregos de alta qualidade que incentivem a diversidade, a inclusão e a mobilidade social.

SANDBERG, WILLEM
O curador e designer gráfico holandês Willem Sandberg (1897–1984) nasceu no seio de uma família abastada em Amersfoort. Estudou arte em Amsterdã antes de viajar pela Europa por vários anos, passando um tempo na Bauhaus e trabalhando numa gráfica suíça, onde ficou fascinado por tipografia. Ao retornar a Amsterdã, abriu um estúdio de design gráfico e passou a trabalhar com frequência para o Stedelijk Museum, que acabou por empregá-lo como curador. Durante a ocupação alemã nos Países Baixos na Segunda Guerra Mundial, Sandberg se juntou à Resistência holandesa e foi forçado a se esconder nos últimos quinze meses do conflito. Com a declaração de paz, retornou a Amsterdã, onde foi nomeado para a direção do Stedelijk e fez questão de combinar os afazeres de diretor com os de designer de todos os materiais gráficos do museu. Ao aposentar-se do Stedelijk em 1962, Sandberg continuou a executar projetos, entre os quais o da identidade visual do recém-fundado Israel Museum de Jerusalém e o de uma série de selos holandeses.

KAHANI, SEHAT
Em 2017, as médicas paquistanesas Sara Saeed Khurram e Iffat Zafar Aga fundaram a Sehat Kahani, que em urdu significa "Relato de Saúde", como uma plataforma de telemedicina por meio da qual pacientes do sexo feminino pudessem ser atendidas à distância por médicas. Seu objetivo era possibilitar que médicas como elas mesmas, mulheres que haviam deixado

de praticar medicina depois de se casar ou ter filhos, tratassem a partir de suas casas as pacientes do sexo feminino que iam a clínicas locais em todos os cantos do Paquistão. Em 2019, a Sehat Kahani criou um app que possibilitou estender o atendimento também a homens. O app se mostrou valioso durante a crise da covid-19, quando as clínicas locais foram fechadas e a demanda disparou. A Sehat Kahani passou a recrutar mais médicos e agentes comunitários de saúde a fim de atender mais pacientes. Até o início de 2022, atendia mais de 3,2 milhões de pessoas no país inteiro.

SOTTSASS JR., ETTORE
O arquiteto e designer Ettore Sottsass Jr. (1917–2007) nasceu em Innsbruck de mãe austríaca e pai italiano (também chamado Ettore e também arquiteto). Sottsass cresceu em Turim, onde estudou arquitetura. Depois de se formar em 1939, serviu no Exército italiano durante a Segunda Guerra Mundial e foi capturado e levado a um campo de concentração perto de Sarajevo. De volta à Itália, trabalhou para o seu pai por um ano antes de abrir o próprio estúdio de design em Milão, em 1946. Sottsass ganhava a vida projetando estandes de feiras e às vezes peças de mobiliário, enquanto escrevia sobre design para a revista de arte e arquitetura *Domus*. Em 1956, ele e a esposa, a escritora Fernanda Pivano, foram para Nova York, onde ele conseguiu um mês de trabalho remunerado com o designer industrial George Nelson. Pouco após o retorno deles à Itália, Sottsass iniciou uma colaboração longa e frutífera com a empresa de equipamentos de escritório Olivetti, que o consolidou como um expoente na cena do design italiano. Além de projetar produtos fabricados em série para a Olivetti, a Poltronova e a Alessi, Sottsass colaborou com artesãos italianos em tiragens menores de itens de cerâmica e vidraria. Mesmo assim, ficou mais conhecido por popularizar o pós-modernismo como líder do grupo de design Memphis, que formou em Milão em 1980.

STÖLZL, GUNTA
Nascida em Munique, Gunta Stölzl (1897–1983) estudou cerâmica e pintura em vidro na Escola de Artes Aplicadas

da cidade, então dirigida por Richard Riemerschmid, um arquiteto avançado que a instigou a fazer experimentos. Durante a Primeira Guerra Mundial, Stölzl voluntariou-se como enfermeira da Cruz Vermelha nos fronts franceses e italianos antes de retomar seus estudos em Munique, mas acabou por se matricular numa escola nova e de reputação mais radical: a Bauhaus. Ali foi encaminhada ao "curso para mulheres", ou de tecelagem, no qual experimentou novas modalidades de tingimento, acabamento e ornamento e desenvolveu fibras sintéticas. Stölzl também elaborou meios inovadores de testar tecidos quanto à resistência e durabilidade. Como professora da Bauhaus, estimulou suas alunas a fazer experimentos. Depois de perder a cidadania alemã ao se casar com um colega da Bauhaus, o arquiteto palestino Arieh Sharon, Stölzl tornou-se vítima da perseguição nazista e foi demitida da Bauhaus em 1931. No mesmo ano partiu da Alemanha para a Suíça com a filha, Yael, enquanto Sharon retornou à Palestina. Eles se divorciaram cinco anos mais tarde. Na Suíça, Stölzl reconstruiu sua carreira cuidando de projetos vultosos de tecelagem e cofundou várias fábricas têxteis, entre as quais a Hand Weaving Studio Flora.

TALKING HANDS

Quando Fabrizio Urettini (1972–), diretor de arte e ativista da cidade de Treviso, no norte da Itália, percebeu que cada vez mais jovens refugiados em busca de asilo estavam sendo enviados para lá pelo governo em caráter temporário e passavam boa parte do tempo ociosos, ele resolveu ajudar. Em 2016, convenceu os amigos, todos eles designers residentes e atuantes em Treviso ou em Veneza, a dar aulas gratuitas de marcenaria, bordado, design de produtos, modelagem e outras habilidades úteis em uma antiga caserna que ele converteu em oficina. Seu objetivo era habilitar os refugiados a usar o tempo de forma produtiva, adquirindo ou aperfeiçoando capacidades para prestação de serviços, além de levantar renda em prol da Talking Hands [a organização por ele dirigida] e deles mesmos vendendo suas produções on-line e em feiras locais. A Talking Hands montou um serviço de reparo de móveis e outros materiais para a população local. Também organiza cursos de alfabetização em italiano para auxiliar refugiados a reconstruir a vida na Itália e oferece assistência jurídica e de saúde, além de refeições comunitárias.

VITRA CAMPUS
A construção do Vitra Campus começou com uma catástrofe, quando as fábricas e os armazéns de móveis situados em Weil am Rhein, na fronteira suíço-alemã, foram destruídos por um incêndio em 1981. O então presidente da Vitra, Rolf Fehlbaum, encarregou o arquiteto britânico Nicholas Grimshaw de projetar duas novas fábricas ali. Depois de conhecer o arquiteto estadunidense Frank Gehry, Fehlbaum o convidou a projetar uma terceira fábrica e um pequeno museu que abrigaria a coleção crescente de móveis modernos e contemporâneos da Vitra. A empresa também construiu a primeira edificação de Zaha Hadid, um quartel de corpo de bombeiros concluído em 1993, e ofereceu a Tadao Ando seu primeiro projeto europeu, um centro de convenções. Entre as adições posteriores ao parque arquitetônico da empresa, estão a primeira edificação industrial de SANAA e dois projetos de Herzog & de Meuron: a Vitra Haus e o centro de arquivos e curadoria Schaudepot. O campus contém ainda pontos de ônibus desenhados por Jasper Morrison, um domo geodésico de R. Buckminster Fuller, um posto de gasolina projetado por Jean Prouvé e um jardim de Piet Oudolf.

YANAGI, SŌETSU
Como cofundador do movimento de artesanato vernacular japonês Mingei nos anos 1930, o filósofo e historiador da cultura Sōetsu Yanagi (1889–1961) desempenhou um papel importante ao cultivar uma concepção moderna sobre o design japonês, fundamentada na estética e nos valores das tradições artesanais do país. Nascido no seio de uma abastada família de Tóquio, Yanagi ficou encantado com a filosofia, a ciência e a cultura ocidentais em sua mocidade, e igualmente fascinado com a arte e o artesanato tradicionais do Japão e da Coreia, em especial com a produção rural de caráter popular. Em palestras e escritos, Yanagi valorizava a pureza e a simplicidade do

artesanato vernacular como uma alternativa àquilo que entendia como a desumanidade da industrialização. Eloquente e carismático, exerceu influência considerável sobre artistas e intelectuais do Japão e de outros países por meio de suas amizades com o ceramista britânico Bernard Leach, o escultor nipo-americano Isamu Noguchi e o arquiteto alemão Bruno Taut, e finalmente por intermédio de seu filho, Sori.

YANAGI, SORI
Nascido em Tóquio, Sori Yanagi (1915–2011) era adolescente quando seu pai, Sōetsu, cofundou o movimento Mingei para exaltar as virtudes das tradições artesanais vernaculares do Japão. Sōetsu estava no centro da cena cultural japonesa e apresentou o filho a uma série de artistas, arquitetos e designers japoneses e ocidentais. Enquanto Sori estudava arte e arquitetura em Tóquio no início dos anos 1940, trabalhou como tradutor para a designer francesa Charlotte Perriand, que o iniciou no design de produtos. No pós-guerra, Yanagi distinguiu-se como um dos designers industriais mais influentes e prolíficos do Japão ao juntar os atributos tradicionais que seu pai apreciava no artesanato Mingei — tais como simplicidade, durabilidade e sutileza — à concepção tecnocrática de modernidade de Perriand. Ele projetou uma variedade notável de objetos, desde tampas de bueiros e frascos de molho de soja até a tocha oficial dos Jogos Olímpicos de Inverno de Sapporo, de 1972. Os produtos que projetou ainda são usados cotidianamente em milhões de lares japoneses.

Agradecimentos

Um dos motivos pelos quais adoro escrever sobre design é que ele constantemente muda para refletir processos sociais, políticos, econômicos e ambientais mais amplos.

A primeira pessoa cuja contribuição preciso agradecer é Jennifer Higgie. Na época em que era diretora editorial da *Frieze*, Jennifer me chamou para escrever uma coluna sobre design para a revista e sugeriu que eu a planejasse de modo a reunir depois todos os textos em livro. Escrevi novos textos para a primeira edição em inglês de *Design como atitude* publicada em 2018, além de ampliar e atualizar os primeiros, e fiz o mesmo para a segunda edição em inglês e para a edição brasileira. Mas o livro não teria existido sem ela. Sou-lhe extremamente grata pela ideia e pelo apoio como uma editora extraordinariamente generosa e inspiradora. Minha gratidão se estende a toda a equipe da *Frieze*.

Preciso ainda agradecer a outro amigo generoso e inspirador, Hans Ulrich Obrist, por me apresentar a Clément Dirié, que publicou *Design como atitude* na série "Documents" da JRP|Editions. Foi um prazer trabalhar com Clément e sua equipe e com o pessoal das distribuidoras internacionais da editora. Sou imensamente grata a todos eles, assim como ao meu agente literário Toby Mundy e aos seus colegas na Aevitas Creative Management UK, e também a Caitlin Allen, Katy MacMillan-Scott e Preena Gadher da Riot Communications.

Devo agradecimentos ao pessoal das instituições onde fiz pesquisas para compor o livro: a National Art Library do Victoria & Albert Museum de Londres e a Museum Library do Museu de Arte Moderna de Nova York.

Também sou grata a todos os indivíduos e organizações que gentilmente nos permitiram usar suas imagens no livro: Gianni Antoniali; Blackhorse Workshop; Marco Beck Peccoz; Peter Biľak; Irma Boom; C41; Muntaka Chasant; Danish Crafts; European Space Agency; Fairphone; Mohammed Fayaz; Formafantasma; Fuseproject; Marcus Gaab; Martino Gamper; Jeppe

Gudmundsen; Jing He; Chris Liljenberg Halstrøm; Hella Jongerius e JongeriusLab; Alan Karchmer; KLM Royal Dutch Airlines; Marc Latzel; Michael Leckie; Gabriel A. Maher; Matteo de Mayda; Memphis srl; Timothy Miller; Maureen Paley; Jan Willem Petersen e Specialist Operations; Travis Rathbone; Femke Reijerman; Rolex Awards; Sehat Kahani; Serpentine; Studio Azzuro; Talking Hands; The Ocean Cleanup; Wolfgang Tillmans; Toca Boca; Wecyclers e Arthur Zang.

Design como atitude é produto de muitos anos de pesquisa. Nesse empenho, tive a sorte incrível de contar com a ajuda de colegas do *New York Times*, de Paola Antonelli, minha parceira na fundação da Design Emergency, e de todos os demais amigos e colaboradores que compartilham minha paixão pelo design ou contribuíram de outras formas. Tenho para com eles uma enorme dívida, pessoal e profissional, assim como para com os maravilhosos designers, fazedores, reparadores, engenheiros, ativistas, programadores, artistas, arquitetos, escritores, curadores, historiadores e pessoas de outros campos que foram tão generosos ao compartilhar comigo seus conhecimentos e experiências. Alguns deles figuram em *Design como atitude* e outros influenciaram o livro ao inspirar o meu pensamento sobre design. Amor e gratidão a todos.

Bibliografia

Todos os websites citados nas notas foram acessados e verificados em março de 2024.

ABERCROMBIE, Stanley. *George Nelson: The Design of Modern Design* [1995]. Cambridge: MIT Press, 2000.

ADAMS, Annmarie. *Architecture in the Family Way: Doctors, Houses and Women, 1870-1900*. Montreal, Quebec e Kingston, Ontario: McGill-Queen's University Press, 2001.

ADAMSON, Glenn. *Craft: An American History*. London: Bloomsbury, 2021.

___; PAVITT, Jane (org.). *Postmodernism: Style and Subversion, 1970-1990* (catálogo). London: V&A Publishing, 2011.

ALBERS, Anni. *On Weaving* [1965]. Princeton: Princeton University Press, 2017.

ANNINK, Ed; BRUINSMA, Max (org.). *Gerd Arntz: Graphic Designer*. Rotterdam: 010 Publishers, 2010.

ANTONELLI, Paola (org.). *Design and the Elastic Mind*. New York: The Museum of Modern Art, 2008.

___ (org.). *Talk To Me: Design and Communication between People and Objects*. New York: The Museum of Modern Art, 2011.

___ (org.). *Neri Oxman: Material Ecology*. New York: The Museum of Modern Art, 2020.

___, FISHER, Michelle (org.). *Items: Is Fashion Modern?* New York: The Museum of Modern Art, 2017.

___, HUNT, Jamer (org.). *Design and Violence*. New York: The Museum of Modern Art, 2015.

AQUILINO, Marie J. (org.). *Beyond Shelter: Architecture and Human Dignity*. New York: Metropolis Books, 2011.

ATTFIELD, Judy; KIRKHAM, Pat (org.). *A View from the Interior: Feminism, Women and Design*. London: The Women's Press, 1989.

BAINES, Phil. *Penguin by Design: A Cover Story 1935-2005*. London: Allen Lane, 2005.

BANHAM, Reyner. *Teoria e projeto na primeira era da máquina* [1960], trad. A. M. Goldberger Coelho. São Paulo: Perspectiva, 2013.

BANHAM, Stephen. *Characters: Cultural Stories Revealed through Typography*. London: Thames & Hudson, 2011.

BARTHES, Roland. *Mitologias* [1957], trad. Rita Buongermino e Pedro de Souza. Rio de Janeiro: Difel, 2009.

___. *Sistema da moda* [1967], trad. Ivone C. Benedetti. São Paulo: WMF Martins Fontes, 2009.

BASS, Jennifer; KIRKHAM, Pat. *Saul Bass: A Life in Film & Design*. London: Laurence King, 2011.

BAUDRILLARD, Jean. *O sistema dos objetos* [1968], trad. Zulmira Ribeiro Tavares. São Paulo: Perspectiva, 2019.

BAUHAUS-Archiv Berlin, Stiftung Bauhaus Dessau, Klassik Stiftung Weimar. *Bauhaus: A Conceptual Model*. Ostfildern-Ruit: Hatje Cantz Verlag, 2009.

BAYER, Herbert; GROPIUS, Ise; GROPIUS, Walter (org.). *Bauhaus 1919-1928*. New York: The Museum of Modern Art, 1938.

BEDDARD, Honor; DODDS, Douglas. *Digital Pioneers*. London: V&A Publishing, 2009.

BENEDITO, Silvia. *Atmosphere Anatomies: On Design, Weather,*

and Sensation. Zurich: Lars Müller, 2021.
BERMAN, Marshall. *Tudo que é sólido desmancha no ar* [1982], trad. Carlos Felipe Moisés e Ana Maria L. Ioriatti. São Paulo: Companhia das Letras, 2007.
BERTRAM, Anthony. *Design.* Harmondsworth: Penguin, 1938.
BLAKINGER, John R. *Gyorgy Kepes: Undreaming the Bauhaus.* Cambridge: MIT Press, 2019.
BLASZCZYK, Regina Lee. *The Color Revolution.* Cambridge: MIT Press, 2012.
BLAUVELT, Andrew; LUPTON, Ellen (org.). *Graphic Design: Now in Production.* Minneapolis: Walker Art Center, 2011.
BÖHM, Florian (org.). *KGID Konstantin Grcic Industrial Design.* London: Phaidon, 2005.
BOISSIÈRE, Olivier. *Starck ©.* Köln: Taschen, 1991.
BOOM, Irma (org.). *Irma Boom: Biography in Books, Books in Reverse Chronological Order 2010-1986.* Amsterdam: University of Amsterdam Press, 2010.
__ (org.). *Irma Boom: The Architecture of the Book, Books in Reverse chronological order 2013-1986.* Eindhoven: Lecturis, 2013.
__ (org.). *Irma Boom: Book Manifest.* Köln: Walther & Franz König, 2022.
BORCHARDT-HUME, Achim (org.). *Albers and Moholy-Nagy: From the Bauhaus to the New World* (catálogo). London: Tate Publishing, 2006.
BORLAND, Ralph; GORMAN, Michael John; MISSTEAR, Bruce; WITHERS, Jane. *Surface Tension: The Future of Water.* Dublin: Science Gallery, 2011.
BOUROULLEC, Ronan; BOUROULLEC, Erwan (org.). *Ronan and Erwan Bouroullec.* London: Phaidon, 2003.
BOYER, Charles Arthur; ZANCO, Federica. *Jasper Morrison.* Paris: Éditions dis Voir, 1999.
BRANDT, Kim. *Kingdom of Beauty: Mingei and the Politics of Folk Art in Imperial Japan.* Durham: Duke University Press, 2007.
BREWARD, Christopher; WOOD, Ghislaine (org.). *British Design from 1948: Innovation in the Modern Age* (catálogo). London: V&A Publishing, 2012.
BRINO, Giovanni. *Carlo Mollino: Architecture as Autobiography.* London: Thames & Hudson, 1987.
BROMBERG, Jacob; CONNOR, Michael; MEISTER, Clara; SCEPANSKI, Kristina (org.). *Elephant Child: Camille Henrot.* New York/London: Inventory Press/Koenig Books, 2016.
BRONS, Rita; COLENBRANDER, Bernard (org.). *New Dutch Water Defence Line.* Amsterdam: 010 Publishers, 2009.
BRONTË, Charlotte. *The Letters of Charlotte Brontë: With a Selection of Letters by Family and Friends: Volume Two, 1848-1851.* Oxford: Oxford University Press, 2000.
BROTTON, Jerry. *A History of the World in Twelve Maps.* London: Allen Lane, 2012.
BROWN, Tim. *Change by Design: How Design Thinking Transforms Organizations and Inspires Innovation.* New York: HarperCollins, 2009.
BUCKLEY, Cheryl. *Potters and Paintesses: Women Designers in the Pottery Industry 1870-1955.* London: The Women's Press, 1990.
BUCKMINSTER FULLER, R. *Operating Manual for Spaceship Earth.* Carbondale: Southern Illinois University Press, 1969.

BURKE, Peter. *The Fabrication of Louis XIV*. New Haven: Yale University Press, 1992.

BUSCH, Jason T.; FUTTER, Catherine L. (org.). *Inventing the Modern World: Decorative Arts at the World's Fairs 1851-1939*. New York: Skira Rizzoli International Publications, 2012.

BUSKIRK, Martha; NIXON, Mignon (org.). *The Duchamp Effect: Essays, Interviews, Round Table*. Cambridge: MIT Press 1996.

CATZ, Vincent (org.). *Black Mountain College: Experiment in Art*. Cambridge: MIT Press, 2013.

CELANT, Germano (org.). *Espressioni di Gio Ponti*. Milano: Electa, 2011.

CHIVERS, C. J. *The Gun: The AK-47 and the Evolution of War*. London: Allen Lane, 2010.

COHEN, Deborah. *Household Gods: The British and their Possessions*. New Haven: Yale University Press, 2006.

COLES, Alex (org.). *EP/Volume. 2: Design Fiction*. Berlin: Sternberg Press, 2016.

COLOMINA, Beatriz; WIGLEY, Mark. *are we human? Notes on an archaeology of design*. Zurich: Lars Müller, 2016.

COOK, Mariana. *Stone Walls: Personal Boundaries*. Bologna: Damiani Editore, 2011.

COOK, Peter (org.). *A Guide to Archigram 1961-1974*. London: Academy Editions, 1994.

COTTAM, Hilary. *Radical Help: How We Can Remake the Relationships Between us and Revolutionise the Welfare State*. London: Virago, 2018.

CRAWFORD, Elizabeth. *Enterprising Women: The Garretts and their Circle*. London: Francis Boule, 2002/2009.

CRAWFORD, Ilse. *A Frame for Life: The Designs of Studio Ilse*. New York: Rizzoli, 2014.

CRAWFORD, Kate. *Atlas of AI*. New Haven: Yale University Press, 2021.

CRIADO PEREZ, Caroline. *Invisible Women: Exposing Data Bias in a World Designed for Men*. London: Chatto & Windus, 2019.

CROWLEY, David; PAVITT, Jane (org.). *Cold War Modern: Design 1945-1970* (catálogo). London: V&A Publishing, 2008.

DARWIN, Charles. *A origem das espécies* [1859], trad. Pedro Paulo Pimenta. São Paulo: Ubu, 2018.

___. *The Descent of Man: Selection in Relation to Sex* [1871]. London: Penguin Classics, 2004.

DAUTRY, Jehanne; QUINZ, Emanuele (org.). *Strange Design: From Objects to Behaviours*. Forcalqueiret: it: éditions, 2015.

DE VRIES, Ann. *Deep Scroll*. Eindhoven: Onomatopee, 2021.

DERCON, Chris; KUEHN, Wilfried; LINKE, Armin (org.). *Carlo Mollino: Maniera Moderna*. Köln: Verlag Walther König, 2011.

___; SAINSBURY, Helen; TILLMANS, Wolfgang (org.). *Wolfgang Tillmans* (catálogo). London: Tate Publishing, 2017.

DORNER, Alexander. *Catalogue for Herbert Bayer Exhibition at the London Gallery* (8 abr.-1 mai. 1937). London: London Gallery, 1937.

DREYFUSS, Henry. *Designing for People*. New York: Simon & Schuster, 1955.

DROSTE, Magdalena; LUDEWIG, Manfred, BAUHAUS-Archiv (org.). *Marcel Breuer Design*. Köln: Taschen, 1992.

DUNNE, Anthony. *Hertzian Tales: Electronic Products, Aesthetic Experience and Critical Design*.

London: Royal College of Art Computer Related Design Research Studio, 1999.

DURANT, Sam (org.). *Black Panther: The Revolutionary Art of Emory Douglas*. New York: Rizzoli International Publications, 2007.

DYSON, George. *Turing's Cathedral: The Origins of the Digital Universe*. London: Allen Lane, 2012.

FAVATA, Ignazia. *Joe Colombo and Italian Design of the Sixties*. London: Thames & Hudson, 1988.

FINESSI, Beppe; MIGLIO, Cristina (org.). *Mendini: A cura di*. Mantova: Maurizio Corraini, 2009.

FIZ, Alberto (org.). *Mendini Alchimie: Dal Controdesign alle Nuove Utopie*. Milano: Mondadori Electa, 2010.

FLETCHER, Alan. *Picturing and Poeting*. London: Phaidon, 2006.

FORD, Henry; CROWTHER, Samuel. *My Life and Work–An Autobiography of Henry Ford*. New York: Doubleday, Page and Company, 1922.

FORDE, Kate (org.). *Dirt: The Filthy Reality of Everyday Life*. London: Profile Books/Wellcome Collection, 2009.

FORMAFANTASMA (org.). *Cambio*. London: Serpentine Galleries, 2020.

FOSTER, Norman (org.). *Dymaxion Car: Buckminster Fuller*. Madrid e London: Ivorypress, 2010.

FOX, Celina. *The Arts of Industry in the Age of Enlightenment*. New Haven: Yale University Press, 2009.

FOX WEBER, Nicholas (org.). *A Beautiful Confluence: Anni and Josef Albers and the Latin American World*. Bethany: The Josef and Anni Albers Foundation, 2015.

__; TABATABAI ASBAGHI, Pandora. *Anni Albers*. New York: Guggenheim Museum Publications, 1999.

__; FILLER, Martin. *Josef + Anni Albers: Designs for Living*. London: Merrell Publishers, 2004.

FRAUENFELDER, Mark. *The Computer*. London: Carlton Books, 2005.

FRIEDRICHS, Arnd; FINGER, Kerstin (org.). *The Infamous Chair: 220C Virus Monobloc*. Berlin: Die Gestalten Verlag, 2010.

FUAD-LUKE, Alastair. *Design Activism: Beautiful Strangeness for a Sustainable World*. London: Earthscan, 2009.

FUKASAWA, Naoto; MORRISON, Jasper. *Super Normal: Sensations of the Ordinary*. Baden: Lars Müller, 2007.

GALILEE, Beatrice. *Radical Architecture of the Future*. London: Phaidon, 2021.

GAMPER, Martino. *100 Chairs in 100 Days and its 100 Ways*. London: Dent-De-Leone, 2007.

GARFIELD, Simon. *Just My Type: A Book About Fonts*. London: Profile Books, 2010.

GARLAND, Ken. *Mr Beck's Underground Map*. Harrow: Capital Transport Publishing, 2008.

GARNER, Philippe. *Eileen Gray: Designer and Architect*. Köln: Taschen, 1993.

GIEDION, Siegfried. *The Key to Reality: What Ails Our Time? Catalogue for Constructivist Art Exhibition at the London Gallery* (12 a 31 de julho, 1937). London: London Gallery, 1937.

__. *Space, Time and Architecture: The Growth of a New Tradition*. Cambridge: Harvard University Press, 1941.

GLEICK, James. *The Information: A History, A Theory, A Flood*. London: Fourth Estate, 2012.

GLEINIGER, Andrea. *The Chair nº 14 by Michael Thonet*. Frankfurt: Verlag form, 1998.

GODFREY, Mark (org.). *Richard Hamilton* (catálogo). London: Tate Publishing, 2014.

___; WHITLEY, Zoe (org.). *Soul of a Nation: Art in the Age of Black Power* (catálogo). London: Tate Publishing, 2017.

GRAVES, Robert. *Os mitos gregos* [1955], trad. Fernando Klabin. Rio de Janeiro: Nova Fronteira, 2021.

GREENFIELD, Adam. *Radical Technologies: The Design of Everyday Life*. London: Verso, 2017.

GREFF, Jean-Pierre (org.). *AC/DC Contemporary Art, Contemporary Design*. Genève: Geneva University of Art and Design, 2008.

GRILLET, Thierry; JOUSSET, Marie-Laure (org.). *Ettore Sottsass* (catálogo). Paris: Éditions du Centre Pompidou, 1994.

GROOTENS, Joost. *I Swear I Use No Art at All: 10 Years, 100 Books, 18,788 Pages of Book Design*. Rotterdam: 010 Publishers, 2010.

GRUDIN, Robert. *Design and Truth*. New Haven: Yale University Press, 2010.

GUIXÉ, Martí. *Food Designing*. Mantova: Maurizio Corraini, 2010.

HAEG, Fritz. *Edible Estates: Attack on the Front Lawn, A Project by Fritz Haeg*. New York: Metropolis Books, 2008.

HARROD, Tanya. *The Last Sane Man, Michael Cardew: Modern Pots, Colonialism, and the Counterculture*. New Haven: Yale University Press, 2012.

___. *The Real Thing: Essays on Making in the Modern World*. London: Hyphen Press, 2015.

HARTMANN, Carla; DEMETRIOS, Eames (org.). *100 Quotes by Charles Eames*. Santa Monica: Eames Office, 2007.

HAUG, W. F. *Critique of Commodity Aesthetics: Appearance, Sexuality and Advertising in Capitalist Society* [1971]. Cambridge: Polity Press, 1986.

HAYS, K. Michael; MILLER, Dana (org.). *Buckminster Fuller: Starting with the Universe* (catálogo). New York: Whitney Museum of American Art, 2008.

HE, Jing. *Tulip Pyramid–Copy and Identity*. Eindhoven: Design Academy Eindhoven, 2016.

HELLER, Steven. *Paul Rand*. London: Phaidon, 1999.

HENDREN, Sara. *What Can a Body Do?: How We Meet the Built World*. New York: Riverhead Books, 2020.

HESKETT, John. *Industrial Design*. London: Thames & Hudson, 1980.

___. *Toothpicks & Logos: Design in Everyday Life*. Oxford: Oxford University Press, 2002.

HOBSBAWM, E. J. *A era das revoluções: 1789-1848* [1962], trad. Maria L. Teixeira e Marcos Penchel. Rio de Janeiro: Paz e Terra, 2012.

___. *Industry and Empire* [1968]. Harmondsworth: Penguin, 1982.

___. *A era do capital: 1848-1875* [1975], trad. Luciano Costa Neto. Rio de Janeiro: Paz e Terra, 2012.

___. *Era dos extremos: O breve século XX 1914-1991* [1994], trad. Marcos Santarrita. São Paulo: Companhia das Letras, 1995.

HODGES, Andrew. *Alan Turing: The Enigma* [1983]. London: Vintage, 2012.

HOFFMANN, Jens; NAHSON, Claudia J. (org.). *Roberto Burle Marx: Brazilian Modernist*. New Haven: Yale University Press, 2016.

HOLLANDER, Anne. *Sex and Suits: The Evolution of Modern Dress* [1994]. Brinkworth: Claridge Press, 1998.

HOLLEIN, Lilli; THIEL, Tina. *Vienna Design Week, Stadtarbeit, Ten Years of Design Featuring the City*. Wien: Umstaetter, 2016.

HOLMES, Richard. *The Age of Wonder: How the Romantic Generation Discovered the Beauty and Terror of Science*. London: Harper Collins, 2008.

HUNT, Tristram. *The Radical Potter: Josiah Wedgwood and the Transformation of Britain*. London: Allen Lane, 2021.

INCE, Catherine; JOHNSON, Lotte. *The World of Charles and Ray Eames*. London: Thames & Hudson 2016.

ISAACS, Reginald. *Gropius: An Illustrated Biography of the Creator of the Bauhaus* (1983). Boston: Bullfinch Press, 1991.

ISAACSON, Walter. *Steve Jobs*. London: Little Brown, 2011.

JAMESON, Frederic. *Postmodernism or, The Cultural Logic of Late Capitalism*. London: Verso, 1991.

JANÁKOVÁ, Iva (org.). *Ladislav Sutnar– Prague–New York–Design in Action*. Praha: Argo, 2003.

JENCKS, Charles; SILVER, Nathan. *Adhocism: The Case for Improvisation* [1972]. New York: Doubleday & Company, 2013.

JOHNSON, Philip. *Objects: 1900 and Today* (catálogo). New York: The Museum of Modern Art, 1933.

___. *Machine Art* (catálogo). New York: The Museum of Modern Art, 1934.

JONES, Steve. *Darwin's Island: The Galapagos in the Garden of England*. London: Little, Brown, 2009.

JONG, Cees W. de (org.). *Jan Tschichold: Master Typographer, His Life, Work & Legacy*. London: Thames & Hudson, 2008.

JUSTICE, Lorraine. *China's Design Revolution*. Cambridge: MIT Press, 2012.

KAUFMANN JR., Edgar. *Organic Design in Home Furnishings* (catálogo). New York: The Museum of Modern Art, 1941.

___. *Good Design* (catálogo). New York: The Museum of Modern Art, 1950.

___. *Prize Designs for Modern Furniture* (catálogo). New York: The Museum of Modern Art, 1950.

KELLY, Alison (org.). *The Story of Wedgwood* [1962]. London: Faber & Faber, 1975.

KEPES, Gyorgy. *Language of Vision* [1944]. New York: Dover Publications, 1995.

___ (org.). *Gyorgy Kepes: The MIT Years 1945–1977*. Cambridge: MIT Press, 1978.

KIKUCHI, Yuko. *Japanese Modernisation and Mingei Theory: Cultural nationalism and Oriental Orientalism*. London: Routledge Curzon, 2004.

KING, Emily (org.). *Designed by Peter Saville*. London: Frieze, 2003.

___. *Robert Brownjohn: Sex and Typography*. New York: Princeton Architectural Press, 2005.

KIRKHAM, Pat. *Charles and Ray Eames: Designers of the Twentieth Century*. Cambridge: MIT Press, 1995.

___ (org.). *The Gendered Object*. Manchester: Manchester University Press, 1996.

KLEMP, Klaus; AHN, Hehn-Chu; WAGNER K, Matthias. *Korea Power–Design and Identity*. Berlin: Gestalten, 2013.

KLEIN, Naomi. *No Logo*. London: Flamingo, 2000.

KOIVU, Anniina (org.). *Ronan & Erwan Bouroullec: Works*. London: Phaidon, 2012.

KOOLHAAS, Rem; MAU, Bruce; SIGLER, Jennifer (org.). *Small, Medium, Large, Extra-Large: Office for Metropolitan Architecture*. Rotterdam: 010 Publishers, 1995.

KOOLHAAS, Rem. *Koolhaas. Countryside: A Report*. Köln: Taschen, 2020.

___; OBRIST, Hans Ulrich. *Project Japan: Metabolism Talks...* Köln: Taschen, 2011.

KRAUSSE, Joachim; LICHTENSTEIN, Claude (org.). *Your Private Sky: R. Buckminster Fuller*. Baden: Lars Müller, 2000.

KRIES, Mateo; EISENBRAND, Jochen (org.). *Alexander Girard: A Designer's Universe* (catálogo). Weil-am-Rhein: Vitra Design Museum, 2016.

KRIES, Mateo; THUN-HOHENSTEIN, Christoph; KLEIN, Amelie. *Hello Robot: Design between Human and Machine* (catálogo). Weil-am-Rhein: Vitra Design Museum, 2017.

KRIES, Mateo; VEGESACK, Alexander von (org.). *Joe Colombo: Inventing the Future* (catálogo). Weil-am-Rhein: Vitra Design Museum, 2005.

LAMB, Max. *My Grandfather's Tree*. London: Dent-de-Leon, 2015.

LANG, Peter; MENKING, William (org.). *Superstudio: Life Without Objects*. Milano: Skira, 2003.

LEPIK, Andres; BEYGO, Ayça (org.). *Francis Kéré: Radically Simple*. Berlin: Hatje Cantz Verlag, 2016.

LEWIS, Jeremy. *Penguin Special: The Life and Times of Allen Lane* [2005]. London: Penguin, 2006.

LITTLE, William; FOWLER, H. W.; COULSON, Jessie; ONIONS, C. T. (org.). *The Shorter Oxford English Dictionary on Historical Principles: Volume 1*. Oxford: Clarendon Press, 1987.

LORANCE, Loretta. *Becoming Bucky Fuller*. Cambridge: MIT Press, 2009.

LOVELL, Sophie. *Dieter Rams: As Little Design as Possible*. London: Phaidon, 2011.

LOVELOCK, James. *Novacene: The Coming Age of Hyperintelligence*. London: Allen Lane, 2019.

LUCAN, Jacques (org.). *OMA–Rem Koolhaas: Architecture 1970-1990* [1990]. New York: Princeton Architectural Press, 1991.

MACCARTHY, Fiona. *William Morris: A Life for Our Time*. London: Faber & Faber, 1994.

___. *The Last Pre-Raphaelite: Edward Burne-Jones and the Victorian Imagination*. London: Faber & Faber, 2011.

MACEL, Christine. *Viva Arte Viva: 57th International Art Exhibition La Biennale Di Venezia* (catálogo). New York: Rizzoli International Publications, 2017.

MAEDA, John; BERMONT, Becky. *Redesigning Leadership: Design, Technology, Business, Life*. Cambridge: MIT Press, 2011.

MANAUGH, Geoff; TWILLEY, Nicola. *Until Proven Safe: The History and Future of Quarantine*. New York: Farrar, Strauss and Giroux, 2021.

MANG, Karl. *History of Modern Furniture*. Stuttgart: Verlag Gerd Hatje, 1978.

MANSKE, Beate (org.). *Wilhelm Wagenfeld (1900-1990)*. Ostfildern-Ruit: Hatje Cantz Verlag, 2000.

MARCAR, Ank Leeuw (org.). *Willem Sandberg–Portrait of an Artist*. Amsterdam: Valiz, 2014.

MAU, Bruce. *Life Style*. London: Phaidon, 2000.

___; INSTITUTE WITHOUT BOUNDARIES. *Massive Change*. London: Phaidon, 2004.

MCCARTY, Cara. *Designs for Independent Living* (catálogo). New York: The Museum of Modern Art, 1988.

MCLEOD, Mary (org.). *Charlotte Perriand: An Art of Living*. New York: Harry N. Abrams, 2003.

MEINDERTSMA, Christien. *Pig 05049*. Rotterdam: Flocks, 2007.

METAHAVEN; VISHMIDT, Marina (org.). *Uncorporate Identity*. Baden/Maastricht: Lars Müller/Jan van Eyck Academie, 2010.

MOGGRIDGE, Bill. *Designing Interactions*. Cambridge: MIT Press, 2007.

___. *Designing Media*. Cambridge: MIT Press, 2010.

MOHOLY-NAGY, László. *Vision in Motion*. Chicago: Paul Theobald & Co., 1947.

MOHOLY-NAGY, Sibyl. *Moholy-Nagy: Experiment in Totality*. New York: Harper & Brothers, 1950.

MONTFORT, Anne (org.). *Sonia Delaunay* (catálogo). London: Tate Enterprises, 2014.

MORPHET, Richard (org.). *Richard Hamilton* (catálogo). London: Tate Gallery Publications, 1992.

MORRISON, Jasper. *A Book of Spoons*. Ghent: Imschoot Uitgevers, 1997.

___. *Everything but the Walls*. Baden: Lars Müller, 2002.

___. *The Good Life: Perceptions of the Ordinary*. Zurich: Lars Müller, 2014.

___. *A Book of Things*. Zurich: Lars Müller, 2015.

___. *The Hard Life*. Zurich: Lars Müller, 2017.

MOUSSAVI, Farshid. *The Function of Form*. Barcelona/Cambridge: Actar/Harvard University Graduate School of Design, 2009.

___. *The Function of Style*. Barcelona: Actar, 2015.

___; KUBO, Michael (org.). *The Function of Ornament*. Barcelona: Actar, 2006.

MUNARI, Bruno. *Supplemento al dizionario italiano/Supplement to the Italian dictionary* [1963]. Mantova: Maurizio Corraini 2004.

___. *Design as Art* [1966]. London: Penguin, 2008.

MUNDER, Heike (org.). *Peter Saville Estate 1–127*. Zurich: migros museum für gegenwartskunst Zürich/ JRP|Ringier, 2007.

NEUHART, John; NEUHART, Marilyn; EAMES, Ray Eames. *Eames Design: The Work of the Office of Charles and Ray Eames*. London: Thames and Hudson, 1989.

NEUHART, Marilyn; NEUHART, John. *The Story of Eames Furniture*. Berlin: Gestalten, 2010.

NEURATH, Marie; COHEN, Robert S. (org.). *Otto Neurath: Empiricism and Sociology*. Dordecht: D. Reidel, 1973.

NEURATH, Otto. *From Hieroglyphics to Isotype: A Visual Autobiography*. London: Hyphen Press, 2010.

NIEBLING, Carolien. *The Sausage of the Future*. Zurich: Lars Müller, 2017.

NOBLET, Jocelyn de (org.). *Design, miroir du siècle*. Paris: Flammarion/APCI, 1993.

OBRIST, Hans Ulrich; STASINOPOLOUS, Kostas (org.). *140 Artists' Ideas for Planet Earth*. London: Penguin, 2021.

OBRIST, Hans Ulrich (org.). *A Brief History of Curating*. Zurich: JRP|Ringier, 2008.

___; RAZA, Asad. *Ways of Curating*. London: Allen Lane, 2015.

OLIVARES, Jonathan. *A Taxonomy of the Office Chair*. London: Phaidon, 2011.

OTTO, Elizabeth. *Haunted Bauhaus: Occult Sprirituality, Gender Fluidity, Queer Identities, and Radical Politics*. Cambridge: MIT Press, 2019.

PAPANEK, Victor. *Design for the Real World: Human Ecology and Social Change* (1971). Chicago: Academy Chicago Publishers, 1985.

PARKER, Rozsika. *The Subversive Stitch: Embroidery and the Making of the Feminine*. London: The Women's Press, 1984.

PAWLEY, Martin. *Buckminster Fuller: How Much Does the Building Weigh?* (1990). London: Trefoil Publications, 1995.

PAZ, Alejandra de la; RUANO, Virginia (org.). *Clara Porset's Design: Creating a Modern Mexico*. Ciudad de Mexico: Museo Franz Mayer, 2006.

PEARSON, Dan; SHINTANI, Midori. *Tokachi Millennium Forest: Pioneering a New Way of Working with Nature*. Bath: Filbert Press, 2020.

PERRIAND, Charlotte. *Charlotte Perriand: A Life of Creation*. New York: The Monacelli Press, 2003.

PFEIFFER, Ingrid; HOLLEIN, Max (org.). *László Moholy-Nagy Retrospective*. München und Berlin: Prestel, 2009.

PILLOTON, Emily. *Design Revolution: 100 Products That Empower People*. New York: Metropolis Books, 2009.

PITIOT, Cloé; STRIZLER-LEVIN, Nina (org.). *Eileen Gray, Designer and Architect*. New Haven: Yale University Press, 2020.

PLATÃO. *A república*, trad. Carlos Alberto Nunes. Pará: Ed. UFPA, 2023.

POLAK, Paul. *Out of Poverty: What Works When Traditional Approaches Fail*. San Francisco: Berrett-Koehler , 2008.

POLANO, Sergio. *Achille Castiglioni: Tutte le opere 1938-2000*. Milano: Electa, 2001.

PONTI, Lisa Licitra. *Gio Ponti: The Complete Work 1923-1978*. London: Thames & Hudson, 1990.

PORTAL, Jane (org.). *The First Emperor: China's Terracotta Army* (catálogo). London: The British Museum Press, 2007.

POWERS, Richard. *The Overstory*. London: Vintage, 2018.

POYNOR, Rick (org.). *Communicate: Independent British Graphic Design since the Sixties* (catálogo). London: Barbican Art Gallery/Laurence King Publishing, 2004.

___. *No More Rules: Graphic Design and Postmodernism*. London: Laurence King, 2003.

PULLIN, Graham. *Design Meets Disability*. Cambridge: MIT Press, 2009.

RADICE, Barbara. *Ettore Sottsass: A Critical Biography*. New York: Rizzoli International Publications, 1993.

RAMS, Dieter. *Less but Better*. Hamburg: Jo Klatt Design+Design, 1995.

READ, Herbert. *Art and Industry*. London: Faber & Faber, 1934.

REAS, Casey; FRY, Ben. *Processing: A Programming Handbook for Visual Designers and Artists*. Cambridge: MIT Press, 2007.

REAS, Casey; MCWILLIAMS, Chandler; LUST. *Form + Code: In Design, Art and Architecture*. New York: Princeton Architectural Press, 2010.

REED, Peter (org.). *Alvar Aalto: Between Humanism and*

Materialism (catálogo). New York: The Museum of Modern Art, 1998.

REINFURT, David; WIESENBERGER, Robert. *Muriel Cooper*. Cambridge: MIT Press, 2017.

RIJK, Timo de. *Norm = Form on standardisation and design*. Deventer, Haia: Foundation Design den Haag/Gemeentemuseum Den Haag/Uitgeverij Thieme Art b.v., 2010.

RILEY, Terence; BERGDOLL, Barry (org.). *Mies in Berlin* (catálogo). New York: The Museum of Modern Art, 2001.

ROCA, Jose; MARTIN, Alejandro. *Waterweavers: A Chronicle of Rivers*. New York: Bard Graduate Center, 2014.

ROMANELLI, Marco. *Gio Ponti: A World*. Milano: Editrice Abitare Segesta, 2002.

ROSSI, Catharine; COLES, Alex (org.). *EP/Volume. 1: The Italian Avant-Garde, 1968-1976*. Berlin: Sternberg Press, 2013.

ROTHENBERG, David. *Survival of the Beautiful: Art, Science, and Evolution*. New York: Bloomsbury Press, 2011.

RUDOFSKY, Bernard. *Architecture Without Architects: A Short Introduction to Non-Pedigreed Architecture* (1964). Albuquerque: University of New Mexico Press, 1987.

RYAN, Zoë (org.). *As Seen: Exhibitions that Made Architectecture and Design History*. Chicago: The Art Institute of Chicago, 2017.

___; ROSA, Joseph. *Hyperlinks: Architecture and Design*. Chicago: The Art Institute of Chicago, 2010.

RYAN, Zoë (org.). *In a Cloud, In a Wall, In a Chair: Six Modernists in Mexico at Midcentury*. Chicago: The Art Institute of Chicago, 2019.

SCHOUWENBERG, Louise. *Hella Jongerius*. London: Phaidon, 2003.

___ (org.). *Hella Jongerius: Misfit*. London: Phaidon, 2010.

SCHRAUWEN, Sarah; ROBERTS, Lucienne; WRIGHT, Rebecca (org.). *Can Graphic Design Save Your Life?* London: GraphicDesign&, 2017.

SCHULZE, Franz. *Philip Johnson: Life and Work*. New York: Alfred A. Knopf, 1994.

SECOR FLORENCE, Lella. *Our Private Lives: America and Britain*. London: George G. Harrap, 1944.

SECREST, Meryle. *Frank Lloyd Wright: A Biography*. New York: Alfred A. Knopf, 1992.

SELLERS, Libby. *Women Design: Pioneers in Architecture, Industrial, Graphic and Digital Design from the Twentieth Century to The Present Day*. London: Frances Lincoln/The Quarto Group, 2017.

SENNETT, Richard. *The Conscience of the Eye: The Design and Social Life of Cities*. New York: Alfred A. Knopf, 1990.

___. *The Craftsman*. London: Allen Lane, 2008.

SHAW, Paul. *Helvetica and the New York City Subway System: The True (Maybe) Story*. Cambridge: MIT Press, 2010.

SHOSHAN, Malkit. *Atlas of the Conflict: Israel–Palestine*. Amsterdam: 010 Publishers, 2013.

SMILES, Samuel. *Josiah Wedgwood, FRS: His Personal* [1895]. South Yarra: Leopold Classic Library, 2016.

SMITH, Patti. *Só garotos*, trad. Alexandre Barbosa de Souza. São Paulo: Companhia das Letras, 2010.

SOLAGUREN-BEASCOA DE CORRAL, Félix. *Arne Jacobsen*. Barcelona: Editorial Gustavo Gili, 1991.

SONNEVELT, Leendert; MELHUIZEN, Job. *Dutch Design Today: Be the Future/Back to the Future*. Eindhoven: Lecturis, 2017.

SONTAG, Susan (org.). *Barthes: Selected Writings*. London: Fontana Paperbacks, 1983.

SPACE CAVIAR (org.). *Non-Extractive Architecture: On Designing without Depletion*. Moscow/Berlin: V-A-C Press/Sternberg Press, 2021.

SPARKE, Penny (org.); BANHAM, Reyner. *Design by Choice*. London: Academy Editions, 1981.

SPARKE, Penny. *Italian Design: 1870 to the Present*. London: Thames and Hudson, 1988.

SPECTOR, Nancy (org.). *Matthew Barney: The Cremaster Cycle*. New York: Harry N. Abrams, 2002.

STOHR, Kate; SINCLAIR, Cameron (org.). *Design Like You Give a Damn: Architectural Responses to Humanitarian Crises*. New York: Metropolis Books, 2006.

STRITZLER-LEVINE, Nina (org.). *Sheila Hicks: Weaving as Metaphor*. New Haven: Yale University Press, 2006.

STUDIO GANG (org.). *Studio Gang: Architecture*. London: Phaidon, 2020.

TAMHANE, Swapnaa; VARMA, Rashmi. *Sār: The Essence of Indian Design*. London: Phaidon Press, 2016.

TIGERMAN, Bobbye (org.). *A Handbook of California Design, 1930-1965: Craftspeople, Designers, Manufacturers*. Los Angeles/Cambridge: Los Angeles County Museum of Art/MIT Press, 2013.

Van Dale Groot woordenboek van de Nederlandse taal. Utrecht: Van Dale, 2015.

VAN SUSTEREN, Arjen. *Metropolitan World Atlas*. Amsterdam: 010 Publishers, 2004.

TAYLOR, Frederick Winslow. *The Principles of Scientific Management* [1911]. Mineola, New York: Dover Publications, 2003.

TENNEKES, Henk. *The Simple Science of Flight: From Insects to Jumbo Jets*. Cambridge: MIT Press, 2009.

THACKARA, John (org.). *Design After Modernism: Beyond the Object*. London: Thames & Hudson, 1988.

___. *In the Bubble: Designing in a Complex World*. Cambridge: MIT Press, 2006.

TILLMANS, Wolfgang. *If One Thing Matters, Everything Matters*. London: Tate Publishing, 2003.

TRENTMANN, Frank. *Empire of Things*. London: Allen Lane, 2016.

TUFTE, Edward. *The Visual Display of Quantitative Information* [1983]. Chesire: Graphics Press, 2001.

___. *Envisioning Information*. Chesire: Graphics Press, 1990.

___. *Beautiful Evidence*. Chesire: Graphics Press, 2006.

TUPITSYN, Margarita (org.). *Rodchenko and Popova: Defining Constructivism* (catálogo). London: Tate Publishing, 2009.

UEKI-POLET, Keiko; KEMP, Klaus (org.). *Less and More: The Design Ethos of Dieter Rams*. Berlin: Die Gestalten, 2009.

UGLOW, Jenny. *The Lunar Men: The Friends who Made the Future 1730–1810*. London: Faber and Faber, 2002.

___. *The Pinecone: The Story of Sarah Losh, Forgotten Romantic Heroine — Antiquarian, Architect and Visionary*. London: Faber and Faber, 2012.

VASARI, Giorgio. *Vidas dos artistas* [1550], trad. Ivone C. Benedetti. São Paulo: WMF Martins Fontes, 2011.

VEGESACK, Alexander von. *Thonet: Classic Furniture in Bent Wood and Tubular Steel*. London: Hazar Publishing, 1996.

VENTURI, Robert; SCOTT BROWN, Denise; IZENOUR, Steven. *Learning from Las Vegas: The Forgotten Symbolism of Architectural Form* [1972]. Cambridge: MIT Press, 1977.

VERWEIJ, Lukas (org.). *Hella Jongerius: I Don't Have a Favorite Colour, Creating the Vitra Colour & Material Library*. Berlin: Gestalten, 2016.

WATSON, Julia. *Lo-TEK: Design by Radical Indigenism*. Köln: Taschen, 2019.

WEISS, Peter (org.). *Alessandro Mendini: Design and Architecture*. Milano: Electa, 2001.

WEIZMAN, Eyal. *Forensic Architecture: Violence at the Threshold of Detectability*. Cambridge: MIT Press, 2017.

___. *Investigative Aesthetics: Conflicts and Commons in the Politics of Truth*. London: Verso Books, 2021.

WHITELEY, Nigel. *Reyner Banham: Historian of the Immediate Future*. Cambridge: MIT Press, 2002.

WILLIAMS, Raymond. *Keywords: A Vocabulary of Culture and Society* [1976]. London: Fontana, 1983.

WILSON, Elizabeth. *Adorned in Dreams: Fashion and Modernity*. London: Virago Press, 1985.

___. *Hallucinations: Life in the Post-Modern City* [1988]. London: Hutchinson Radius, 1989.

WINGLER, Hans M. *Bauhaus: Weimar, Dessau, Berlin, Chicago*. Cambridge: MIT Press, 1976.

XIANG, Zairon. *Queer Ancient Ways: A Decolonial Exploration*. Goleta: punctum books, 2018.

YANAGI, Sōetsu. *The Unknown Craftsman: A Japanese Insight into Beauty*. Tokyo: Kodansha International, 1972.

ZELDIN, Theodore. *An Intimate History of Humanity* (1994). London: Vintage, 1998.

ZIJL, Ida van. *Droog Design 1991-1996*. Utrecht: Centraal Museum, 1997.

Índice onomástico

Aalto, Alvar 56
Abel, Bas van 223
Abloh, Virgil 125, 127
Adamson, Glenn 61, 67, 128
Adebiyi-Abiola, Bilikiss 117, 130, 208
Akhavan, Abbas 45
Albers, Anni 58, 209, 212
Albers, Josef 209, 212
Ambasz, Emilio 136
Anderson, Elizabeth Garret 112, 227
Anderson, Gail 115
Ando, Tadao 248
Angi, Federico 138
Archizoom 136, 236
Armitage, Michael 66
Arndt, Alfred e Gertrud 109-10, 209-11
Atelier Populaire 15, 29, 210
Atkins, Ed 45
Atkinson, Bill 100
Aulenti, Gae 136

Baghramian, Nairy 48
Banham, Reyner 49, 142, 145, 179, 186, 188, 210-12
Barber, Edward 140
Bardi, Pietro Maria 113, 213
Barefoot Architects 195-96, 211
Barney, Matthew 149, 159
Barragán, Luis 241
Barthes, Roland 49, 55, 67, 181
Baudrillard, Jean 43, 49

Bauhaus 10-12, 55, 58, 109, 209-13, 236, 244-45, 247
Bayer, Herbert 212
Beck, Harry 163, 240
Béhar, Yves 172, 212-13
Benedito, Silvia 186, 189
Berners-Lee, Tim 174
Bertoni, Flaminio 181
Bey, Jurgen 58, 138
Beyerle, Tulga 116
Biemann, Ursula 45
Bill, Max 99-100, 104-05
Bird-Murphy, Maya 117
Bkasturi, Poonam Bir 119
Blanc, Honoré 151
Bo Bardi, Lina 113, 206, 213
Boeri, Cini 136
Bonner, Grace Wales 125, 127
Boom, Irma 82, 92-93, 110, 115, 214
Bouroullec, Erwan e Ronan 140, 155-56, 214-15
Brandt, Marianne 212
Braun 42, 56, 101, 103-04, 243
Brave New Alps (Bianca Elzenbaumer e Fabio Franz) 30-31, 34, 117, 200, 215
Bretteville, Sheila Levrant de 52, 114, 119, 216
Breuer, Marcel 212
Brichter, Loren 94, 97-98, 104-05, 216-17
Brontë, Charlotte 53, 67

Buckminster Fuller, R. 15, 29, 35, 78, 211, 225-27, 248
Burks, Stephen 125, 127
Burle Marx, Roberto 129, 217-18
Burne-Jones, Edward 53, 67

Cabral, Amílcar 122
Calvert, Margaret 164
Cambio 20, 49, 199, 225
Cappellini 139, 214
Cardiopad 32, 218
Castiglioni, Achille 132, 135-36, 218
Castro, Fidel 242
Cézanne, Paul 56
Charny, Daniel 64
Cheng, Ian 45, 188
Clifford, Anne 112
Colombo, Joe 136
Cooking Sections 45
Cooper, Muriel 22, 99, 101, 116, 219, 239
Corbusier, Le 109, 113, 118, 141, 222, 239
Costa, Lucio 118, 131, 151, 200, 217
Cottam, Hilary 32-35, 110, 115, 197-98, 201, 219-20
Crawford, Ilse 110, 115
Crawford, Kate 170

Darwin, Charles 89, 93
Delaunay, Robert e Sonia 86
Devlin, Es 110, 115
Dominioni, Luigi Caccia 218-19
Dorn, Marion 113
Dorner, Alexander 41
Doshi, Nipa 140

264

Douglas, Emory 123–24, 126, 128, 132, 220–21
Doumbia, Boubacar 65
Drake, Dave 46
Dresser, Christopher 41, 221–22
Drew, Jane 109–10, 113, 118, 222
Dunne, Anthony 117
Duwaer, Frans 24–25

Eames, Charles e Ray 57–58, 67, 109–10, 113, 118, 128, 153, 222–23
Earl, Harley 113, 119
Eckert, Alissa 202
El Lissitzky (Lazar Markovich) 12, 15, 41

Farresin, Simone 45, 199, 206, 224
Fawcett, Millicent 112, 227
Fayaz, Mohammed 125, 156–57, 224
Fehlbaum, Rolf 248
Flaxman, John 40
Ford, Henry 152
Forensic Architecture 30–31, 34, 46–47, 93, 118, 197
Formafantasma 20, 33, 45–49, 59, 199, 206, 225
Fox, Celina 54, 67
Fragapane, Federica 116, 200, 225
Frame 114, 234
Frutiger, Adrian 104, 175
Fry, Maxwell 109, 113, 222
Fukasawa, Naoto 60
Fury, Gran 15, 29, 228
Fuseproject 33–34, 160, 172, 213

Galilee, Beatrice 115
Gamper, Martino 47–48, 226–27
Gan, Aleksiéi 12, 15
Garrett, Agnes 112, 118, 227
Gates, Theaster 46–49
Gehry, Frank 144, 248
Genzken, Isa 43
Giacomo, Pier 132, 135–36, 218
Gopnik, Adam 186, 189
Gray, Eileen 112
Grcic, Konstantin 140
Grimshaw, Nicholas 248
Grootens, Joost 91, 93, 229
Gropius, Walter 211–12
Gros, Jochen 158
Guerrero, Xavier 241–42

Hadid, Zaha 144, 248
Halstrøm, Chris Liljenberg 146, 156, 185, 230
Hamdan, Lawrence Abu 46
Hamilton, Richard 42–43, 56, 67, 211
Harrison, Charles 126–27, 222, 231
Harrison, John 222
He, Jing 117, 184, 188, 230
Heatherwick, Thomas 180
Henrot, Camille 45
Herman Miller 118, 213, 223
Herzog & de Meuron 144
Hicks, Sheila 60, 82, 92–93
Higgins, Dan 202
Hollein, Lilli 116

Hospital(ity) School 200, 215

Ince, Catherine 116
Itten, Johannes 212
Izenour, Steven 219

Jeanneret, Pierre 113, 222
Jefferson, Thomas 151
Ji, Yu 45
Jobs, Steve 85, 99
Johnson, Philip 42, 141, 180
Johnston, Edward 240
Jongerius, Hella 54, 58–59, 106, 110, 115–16, 140, 231–32

Kahani, Sehat 18–19, 32, 117, 130, 168, 197, 245–46
Kahlo, Frida 182, 188
Kaiser, Ray 223
Kamara, Mariam 125, 127
Kandinski, Vassíli 212
Karp, Harvey 160, 172, 213
Kauffer, Edward McKnight 113, 240
Kéré, Diébédo Francis 64, 120, 124, 127, 232–33
Kerr, Frith 115
Khurram, Sara Saeed 18–19, 29, 117, 245
Kinneir, Jock 164
Kirkness, David 152
Klee, Paul 212
Klein, Amelie 116
Koestler, Arthur 239
Koivu, Anniina 143
Krzykowski, Matylda 59, 116
Kubrick, Stanley 170, 175

265

Lamb, Max 184–85, 233
Laposse, Fernando 78
Leach, Bernard 249
Leckey, Mark 45
Lefèbvre, André 181
Levien, Jonathan 140
Linden, David 186
Losh, Sarah 112, 118
Lupi, Giorgia 117

Macel, Christine 60
MacNeil, Ron 99, 219
Maeda, John 219
Magugu, Thebe 125, 127
Maher, Gabriel A. 114, 157, 233–34
Man Ray (Emanuel Radnitzky) 57, 67, 109, 113, 118, 128, 223, 240
Mapplethorpe, Robert 90
Mari, Enzo 136
Marsio-Aalto, Aino Maria 56
Marten, Helen 45
Mason, Miles 40
Mazariegos, Fernando 195–96
Meier, Norbert 60
Meindertsma, Christien 54, 59, 117, 234
Mendini, Alessandro 136–37, 235–36
Meyer, Hannes 118, 212
Moggridge, Bill 99–100, 105
Moholy-Nagy, László 9–20, 26, 29, 41, 55, 163–65, 212, 236–37, 240
Mollino, Carlo 48–49, 237
Monderman, Hans 166, 237–38

Morris, William 53–56, 61
Morrison, Jasper 140, 144, 248
Mukherjee, Mrinalini 58, 60
Mullins, Aimee 149–50, 158–59
Musk, Elon 203

Nash, Paul 240
Nelson, George 246
Niemeyer, Oscar 217
Nightingale, Florence 28–29, 195–96

Ocean Cleanup 6, 17–19, 34–35, 198, 204, 238
Odundo, Magdalene 65–66
Olivetti 42, 236, 246
Osgerby, Jay 140
Oudolf, Piet 144, 248

Paglen, Trevor 45
Pankhurst, Sylvia 154
Papanek, Victor 187, 239
Parry, Hubert 227
Pattison, Yuri 45
Perez, Caroline Criado 93, 110, 114, 118
Perriand, Charlotte 109–13, 118, 128, 141, 239–40, 249
Perry, Grayson 60
Petersen, Jan Willem 193–94, 197, 205–06, 230
Petz, Thomas 60
Piacentini, Alex 200
Pick, Frank 163, 240
Pilloton, Emily 117, 240–41

Pivano, Fernanda 246
Popova, Liubov 12, 15
Porset, Clara 57, 67, 241–42
Prasad, Devi 58
Price, Cedric 211
Proudhon, Pierre-Joseph 25
Prouvé, Jean 142, 144, 242–43, 248

Raby, Fiona 117
Radical Design 136–37, 236
Rams, Dieter 42, 243
Rand, Paul 216
Reagan, Ronald 235
Reich, Lilly 113, 141, 244
Remy, Tejo 138
Reus, Magali 45
Richards, James 45
Riemerschmid, Richard 247
Rivera, Ron 195–96
Roberton, John 28
Ródtchenko, Aleksandr 12, 15
Rosenbaum, Marcelo 78, 244
Routemaster 180
Rovero, Adrien 59
Ruscha, Ed (Edward Ruscha Joseph IV) 43, 211
Ruskin, John 55–56

SANAA 144, 248
Sandberg, Willem 23–26, 29, 34–35, 42, 245
Sankara, Thomas 71, 81
Schlemmer, Oskar 212
Schouwenberg, Louise 232

Scott Brown, Denise 219
Scott, Fi 64, 219
Sennett, Richard 62, 67
Sharon, Arieh 247
Sinclair, Clive 87, 99
Siza, Alvaro 144
Sklarek, Norma Merrick 126–27
Slat, Boyan 17–18, 29, 204, 238
Smith, Patti 90, 211
Snoo (berço) 160, 172–73, 213
Somers, Wieki 115
Sottsass, Ettore 42, 136–37, 235, 246
Starck, Philippe 137–38, 140
Stepanova, Varvara 12
Sterling, Bruce 174–75
Stölzl, Gunta 58, 212, 246, 247
Strausfeld, Lisa 116
Stubbs, George 40
Sullivan, Louis 186–89
Superstudio 136, 236
Sutherland, Graham 240

Tati, Jacques 153, 165, 170
Taut, Bruno 249
Taylor, Frederick Winslow 152, 159
Templetown, Elizabeth 111
Thun, Matteo 226
Thunberg, Greta 76, 81
Tillmans, Wolfgang 36, 45
Toca Boca 157
Trimarchi, Andrea 45, 199, 206, 224
Tschichold, Jan 90
Twomey, Clare 65

Umeda, Masanori 137, 235
Urettini, Fabrizio 200, 206, 247
Urquiola, Patricia 115, 140

Van der Berg, Dylan 115
van der Bosch, Henri Willem 24
van der Rohe, Mies 113, 141, 212, 244
Venturi, Robert 219
Vries, Anne de 45

Waal, Edmund de 60, 80
Wagenfeld, Wilhelm 212
Wanders, Marcel 138, 143
Wecyclers 130, 208
Wedgwood, Josiah 40–41, 49, 111, 221
Weizman, Eyal 30, 35
Wieki, Studio 115
Wilbraham, Elizabeth 112
Williams, Raymond 44, 49
Wirkkala, Tapio 56
Wozniak, Steve 99

Yanagi, Sōetsu e Sori 56–57, 60, 67, 248–49
Yáñez, Enrique 241
Yi, Anicka 45

Zafar, Iffat 18–19, 29, 117, 245
Zang, Arthur 32, 130, 218
Zheng, Ying 151
Zittel, Andrea 45
Zontone, Alberto 115

267

Sobre a autora

Crítica de design premiada, Alice Rawsthorn é cofundadora da Design Emergency, uma plataforma de pesquisa sobre o papel do design na construção de um futuro melhor. Assinou uma coluna semanal no *New York Times* que foi reproduzida em âmbito mundial por mais de dez anos, bem como a coluna "By Design" na revista de arte contemporânea mensal *Frieze*. Entre os livros anteriores de Rawsthorn estão *Hello World: Where Design Meets Life* [Olá, mundo: onde o design encontra a vida], aclamado pela crítica, e uma biografia do estilista Yves Saint Laurent. Nascida em Manchester e sediada em Londres, ela discorre sobre design em eventos globais como a série de conferências TED (Technology, Entertainment, Design) e a reunião anual do Fórum Econômico Mundial em Davos. Rawsthorn preside o conselho diretor da Chisenhale Gallery de Londres e participa, como integrante fundadora, da campanha em prol dos direitos humanos Writers for Liberty. Além de ter um doutorado honorário pela University of the Arts de Londres e uma bolsa de estudos honorária da Royal College of Art, foi agraciada com uma condecoração da Ordem do Império Britânico (OBE) por serviços prestados ao design e às artes.

Créditos fotográficos

CAPA Moholy-Nagy, *Look before You Leap / Sport Makes You Hungry* [Olhe antes de pular / o esporte dá fome], 1927, 12,2 × 17,5 cm, fotomontagem (impressão em gelatina de prata) [P. 2] Moholy-Nagy, *Das Gesetz der Serie* [A lei das séries], 1925, 21,7 × 16,8 cm, fotomontagem (impressão em gelatina de prata) [P. 207] Moholy Nagy, *Liebe deinen Nächsten / Mord auf den Schienen* [Ame seu vizinho / Assassinato na pista] 1925–29, 46,8 × 29,8 cm, colagem.

[P. 7] The Ocean Cleanup [P. 21] Cortesia Serpentine, C41, Formafantasma [P. 37] ©Wolfgang Tillmans / Cortesia Maureen Paley, Londres [P. 51] Foto Alice Rawsthorn com a generosa permissão de Blackhorse Workshop [P. 69] Copernicus Sentinel (2019) com dados modificados, processada pelo European Space Agency (ESA), CC-BY-SA-3.0 IGO [P. 83] Cortesia Irma Boom [P. 95] Arquivo licenciado por Creative Commons Attribution-Share Alike 3.0 licença global / Foto Timothy Miller [P. 107] Hella Jongerius / Foto Marcus Gaab for KLM [P. 121] Foto gentilmente cedida por Iwan Baan [P. 133] © Fondazione Achille Castiglioni [P. 147] © Danish Crafts / Foto Jeppe Gudmundsen [P. 161] Fuseproject / Foto Travis Rathbone [P. 177] Fairphone [P. 191] © Matteo de Mayda

Edição e design
Elaine Ramos

Revisão de tradução e preparação
Ana Carolina Mesquita

Revisão
Débora Donadel e Cláudia Cantarin

Composição
Julia Paccola

Equipe Ubu

Direção editorial
Florencia Ferrari

Direção de arte
Elaine Ramos;
Julia Paccola e Nikolas Suguiyama [assistentes]

Coordenação
Isabela Sanches

Editorial
Bibiana Leme e Gabriela Naigeborin

Comercial
Luciana Mazolini e Anna Fournier

Comunicação / Circuito Ubu
Maria Chiaretti, Walmir Lacerda e Seham Furlan

Design de comunicação
Marco Christini

Gestão Circuito Ubu/site
Laís Matias

Atendimento
Cinthya Moreira e Vivian T.

TÍTULO ORIGINAL: *Design as an Attitude*,
publicado em inglês por JRP|Editions
1ª edição 2018, 2ª edição revisada e expandida, 2022
© a autora, JRP|Editions, designers, fotógrafos, 2022
© Ubu Editora, 2024

Dados Internacionais de Catalogação na Publicação (CIP)
Elaborado por Odilio Hilario Moreira Junior — CRB-8/9949

R262d Rawsthorn, Alice [1958–]
 Design como atitude / Alice Rawsthorn; traduzido
 por Alexandre Morales. Título original: *Design as
 an Attitude*.
 São Paulo: Ubu Editora, 2024. 272 pp.
 ISBN 978 85 7126 156 3

1. Design. 2. Arte. 3. Política. 4. Tecnologia. I. Morales,
Alexandre. II. Título.

2024-1155   CDD 745 CDU 7.05

Índice para catálogo sistemático:
1. Design 745 2. Design 7.05

UBU EDITORA
Largo do Arouche 161 sobreloja 2
01219 011 São Paulo SP
ubueditora.com.br
professor@ubueditora.com.br
 /ubueditora

Fontes GT Super
Papel Pólen bold 90 g/m^2
Impressão Ipsis